A ARTE DE APOSENTAR-SE

WLADIMIR NOVAES MARTINEZ

Advogado especialista em Direito Previdenciário.

A ARTE DE APOSENTAR-SE

EDITORA LTDA.

Rua Jaguaribe, 571
CEP 01224-001
São Paulo, SP — Brasil
Fone (11) 2167-1101

Produção Gráfica e Editoração Eletrônica: R. P. TIEZZI
Projeto de Capa: R. P. TIEZZI
Impressão: BARTIRA GRÁFICA E EDITORA
LTr 4412.7
Junho, 2011

Visite nosso site:
www.ltr.com.br

Dados Internacionais de Catalogação na Publicação (CIP)
(Câmara Brasileira do Livro, SP, Brasil)

Martinez, Wladimir Novaes

A arte de aposentar-se / Wladimir Novaes Martinez. — São Paulo : LTr, 2011.

ISBN 978-85-361-1727-0

1. Aposentadoria — Brasil I. Título.

11-03760 CDU-34:331.25(81)

Índice para catálogo sistemático:

1. Brasil : Aposentadoria : Direito do trabalho 34:331.25(81)

Sumário

CAPÍTULO 3 — TIPOS DE APOSENTADORIAS

CAPÍTULO 4 — PROVA DO TEMPO DE SERVIÇO

CAPÍTULO 5 — DEMONSTRAÇÃO TESTEMUNHAL

CAPÍTULO 6 — REVISÃO DE CÁLCULO NO ADCT

CAPÍTULO 7 — PRAZO PARA REVISÃO

CAPÍTULO 8 — ÍNDICE DE REAJUSTE DO SALÁRIO MÍNIMO

CAPÍTULO 9 — PROCEDIMENTOS ADMINISTRATIVOS

CAPÍTULO 10 — SUSPEITA DE FRAUDE

CAPÍTULO 11 — CANCELAMENTO DE APOSENTADORIA

CAPÍTULO 12 — PODER DE REVISÃO DA ADMINISTRAÇÃO

CAPÍTULO 13 — REVISÃO DOS ATOS PRATICADOS

CAPÍTULO 14 — PRESCRIÇÃO DE MENSALIDADES

CAPÍTULO 15 — REAJUSTAMENTO DAS MENSALIDADES

CAPÍTULO 16 — SUSPENSÃO DOS PAGAMENTOS

CAPÍTULO 17 — VALOR DOS BENEFÍCIOS

CAPÍTULO 18 — INCORPORAÇÃO DO AUXÍLIO-ACIDENTE

CAPÍTULO 19 — ACRÉSCIMO NA APOSENTADORIA POR INVALIDEZ

CAPÍTULO 20 — SIGNIFICADO DA APOSENTAÇÃO

CAPÍTULO 21 — POSSIBILIDADE DE DESAPOSENTAÇÃO

CAPÍTULO 22 — VOLTA AO TRABALHO

CAPÍTULO 23 — SALÁRIO-FAMÍLIA

CAPÍTULO 24 — INATIVIDADE DOS DIFERENTES SEXOS

CAPÍTULO 25 — APOSENTADOS IDOSOS

CAPÍTULO 26 — SERVIDORES CIVIS E MILITARES

CAPÍTULO 27 — DIREITO AO LAZER

CAPÍTULO 28 — PROCESSO DE ENVELHECIMENTO

CAPÍTULO 29 — MAL DE ALHZEIMER

CAPÍTULO 30 — LIÇÕES DE VIDA

CAPÍTULO 31 — PERDAS DO JUBILADO

CAPÍTULO 32 — PREÂMBULO DO DESCANSO

CAPÍTULO 33 — APLICAÇÃO DE CAPITAIS

CAPÍTULO 34 — OCUPAÇÕES POSSÍVEIS

CAPÍTULO 35 — JUBILAÇÃO DOS DIFERENCIADOS

CAPÍTULO 36 — PLANEJAMENTO DA APOSENTAÇÃO

CAPÍTULO 37 — CONSELHOS AOS MAIS VELHOS

CAPÍTULO 38 — VIDA DOS INTERNADOS

CAPÍTULO 39 — OCASO DA VIDA

CAPÍTULO 40 — CONCLUSÕES DERRADEIRAS

À Guisa de Apresentação

Sempre desejei escrever um livro sobre o momento, a disposição e a decisão de alguém se aposentar e como viver a aposentadoria.

Agora que este ensaio está adiantado (espero sugestões), verifico que não segui os meus próprios conselhos: com 75 anos, continuo trabalhando oito horas diuturnas, seguidamente todos os dias do ano (*sic*) e atendendo pessoas que me perguntam se devem ou não se jubilar.

Mas o que me parece relevante, fazendo o que gosto, que não me cansa e me dá prazer.

O tema parece simples, mas não é.

Quase todas as pessoas julgam que, ao se retirarem do serviço, perderão algo muito importante em suas vidas. O intrigante é que realmente só descobrirão esses prejuízos depois de algum tempo de jubilados. Mas elas também serão surpreendidas com algum ganho na qualidade de vida (claro, se tiverem saúde).

PERDAS INEVITÁVEIS

Bem, as perdas que se avizinham não devem constituir-se em motivo para deixar de pensar no assunto ou para não tomar alguma resolução. É preciso refletir sobre esse momento inevitável acostado a um determinado planejamento; alguma reflexão é condição para decidir.

Ultrapassada a ideia de que se perde algo, a vida é assim mesmo, resta tentar antever como as coisas se passarão. Sendo do tipo *work a lock*, solicite o benefício e continue trabalhando, se isso o faz feliz. Caso contrário, encoste mesmo no barranco de uma inatividade laboral. Aí, somente sombra e água fresca, sem vergonha de não fazer nada.

MEDO DA OCIOSIDADE

Não se deve temer a ociosidade. Ela lembra um pouco o abandono da inatividade no final da adolescência. Primeiro, porque assegura o direito ao lazer; segundo, porque é mudança que pode ser programada e empreendida com algum sucesso pessoal.

A ociosidade não se confunde com a preguiça militante. A preguiça é boa, mas não pode ser permanente. Cansa, chateia, humilha e ninguém quer saber disso.

DECISÃO DE APOSENTAR

A resolução de aposentar-se é tão difícil quanto de saber qual é a hora de deixar de dirigir o automóvel. Oh! Será que o DETRAN não pode adiar por seis meses?

Meus netos não têm razão quando dizem que não ouço direito nem estou enxergando bem. Só porque o seguro quer 30% mais de prêmio não vou parar, meus reflexos estão ótimos e nunca pilotei melhor...

Para parar é preciso aceitar o direito à inatividade como uma pretensão natural sem ficar se indagando se financiou corretamente o ócio ou não; essas são questões morais a serem debatidas com o padre e no confessionário.

Tenho sistematicamente aconselhado as pessoas que têm direito e podem fazê-lo sem grandes traumas familiares, a se afastarem do atual trabalho. Terão tempo para iniciar uma nova carreira, ocupação ou *hobby*, dedicar-se com mais intensidade ao que sempre gostaram e não puderam mirar e admirar a natureza, meditar um pouquinho, ler, viajar, etc.

Enfim, desfrutar o capital que acumularam durante suas vidas. E até não fazer absolutamente nada.

A decisão final lembra um pouco ir ao dentista tratar o canal ou ir ao proctologista examinar a próstata; não tem jeito, precisa ir.

QUESTÕES TÉCNICAS

Iniciaremos enfatizando a aposentação, que depende de fatores técnicos, conhecimento da legislação, questões profissionais, etc., mas não da decisão de parar. Somente a partir do 20º capítulo é que trataremos dos possíveis aconselhamentos.

E, é claro, falaremos de alguns prejuízos supervenientes, muitos dos quais sobreviriam mesmo sem o jubilamento...

APROVEITE, APROVEITE

Desde que não sejam frituras excessivas, gorduras saturadas, enlatados condimentados com sódio, massas com bromato, excessos alcoólicos ou drogas, experimente tudo o que você nunca pode comer ou beber.

Faça uma loucura, adquira um pernil inteiro tipo pata negra espanhol, um parmesão holandês de leite de cabras Vincent, uma garrafa de vinho Romanée Conti francês. Vai deixar para fazer isso quando?

VER O CÉU DA TERRA

Por último, que bom! Já tentou à noite, olhar o firmamento e mirar as estrelas? Lembre-se de Olavo Bilac (1865-1918):

Ora (direis) ouvir estrelas!
Certo, perdeste o senso!
E eu vos direi, no entanto
Que, para ouvi-las,
muitas vezes desperto
E abro as janelas, pálido de espanto.

Pode dar-se de você se tornar um astrônomo amador. Compre um telescópio (não aceite lunetas) e quem sabe descobre um corpo celeste que ninguém viu. Um bom meteorito já basta...

Nosso recado óbvio é: *carpe diem.* Aproveite o dia e também a noite. Não porque possa ser o derradeiro momento, mas porque você tem de aspirar todo o ar que está na Terra, aproveitar essa dádiva dos Céus que é a vida.

PLANO DA OBRA

Nos primeiros 19 capítulos desenvolvemos aspectos técnicos introdutórios, os que dizem respeito à aposentadoria. Em seguida, nos outros 21 capítulos focamos a análise da aposentação propriamente dita.

Não pudemos evitar falar um pouco do envelhecimento, tão associado ele está com a aposentadoria. Não são muitos os que podem gozar do *ocium cum dignitat* com saúde, o que é uma pena. Por último, os aspectos finais da aposentadoria e da existência.

Wladimir Novaes Martinez

Capítulo 1
INTRODUÇÃO DO TEMA

Em certa ocasião Lin Yutang (1895-1976), duas vezes indicado para o Prêmio Nobel de Literatura, escreveu um livro chamado *A importância de viver*. É provável que as belíssimas lições desse magnífico filósofo oriental gestadas em 1937 possam não ser mais tão úteis ao dinamismo de hoje em dia, mas a maioria delas é respeitável contribuição para a felicidade dos homens.

Outros bons livros foram concebidos, como o *Saber viver*, de Lair Ribeiro (Belo Horizonte: Leitura, 2004). Há um *Moral: a arte de viver*, de Juan Luis Lorda (São Paulo: Quadrante, 2001). Clarice Pierre escreveu um livro intitulado: *A arte de viver e de morrer* (São Paulo: Ateliê, 2004).

Nós mesmos tentamos um *Direito dos idosos* (São Paulo: LTr, 2000) e um *Comentários ao estatuto do idoso* (2. ed. São Paulo: LTr, 2005) em que nos detemos nos direitos jurídicos das pessoas mais velhas.

Uma arte de saber viver vem sendo buscada por milhares de ensaios de autoajuda e em cada um deles é possível encontrar indicações ótimas a serem aproveitadas. A par da constante vontade de ser feliz, que é uma coisa complexa, está na hora do trabalhador saber como conviver com a aposentação.

Evidentemente, como as pessoas não são iguais em todos os sentidos, algumas recomendações podem ser válidas para uns e não terem qualquer utilidade para as outras; essa é uma primeira lição para quem vai recomeçar a viver sem o trabalho obrigatório.

Lembre-se: o pior patrão é você mesmo e por isso, agora, dê uma folguinha para esse empregado; se for possível, ensine-o a desfrutar a ociosidade.

RESUMO DA EXISTÊNCIA

Faça um resumo da vida quando da aposentação — esse é um bom momento para isso, como veremos adiante —, muitos verificarão que se pudessem teriam vivido de outro modo em alguns instantes de suas existências.

Outro tanto de observadores notarão que não descobriram a verdadeira filosofia existencial, mas, claramente ainda dá tempo para mudar alguma coisa. Faça uma reuniãozinha (aliás, bem constrangedora) e comente com os seus netos os erros que você cometeu. Comece explicando que a atual tecnologia é muito mais dinâmica que no seu tempo, mas o mundo não mudou tanto no tocante ao comportamento dos indivíduos.

É uma pena que essas coisas da vida não sejam ensinadas aos jovens e por eles assimiladas e até mesmo para os de meia idade, pois ter de descobrir com os próprios erros — tantas vezes isso é lembrado em nossa existência! — pode ser um grande *sbaglio*: quem erra desconhecendo o que fazia não é igual àquele que se enganou com plena consciência do que estava fazendo.

Essa leitura da vida passada não é para lamentar os insucessos, mas para situá-los; no comum dos casos, você terá de baixar um pouco a bola a respeito de si mesmo, levantar a cabeça e enxergar o que o espera adiante.

VIDA PROFISSIONAL

Se você não soube viver bem durante a fase profissional de sua existência, agora, dispondo de mais tempo para refletir, pode resultar em uma segunda oportunidade de ser feliz o resto dos seus dias.

Existem milhares de definições de felicidade, mas não aceite aquela que diz que ela está dentro de você; isso é um pouco verdade, entretanto, dependemos dos outros e isso tem de ser considerado.

Não se apoie na concepção de que a aposentadoria é triste porque vem acompanhada do envelhecimento e, para muitos, de enfermidades desagradáveis. É mesmo, ninguém vai negar, mas de todo modo, o entardecer da vida pode ser um pouquinho melhor se você conseguir apreender o que ela significa.

Não se enquadre num dos clássicos grupos de perdedores e vencedores; provavelmente você palmilhou ambos esses enganosos terrenos da avaliação pessoal e dos outros.

OBSTÁCULOS A VENCER

Um primeiro óbice a ultrapassar é a convicção arraigada de que ninguém tem capacidade de nos ensinar a viver; que isso não se aprende nos livros e coisa que tais. É o que pensam muitos dos orgulhosos adultos e por isso resistem à ideia de aprender.

Um dia me disseram que a vida é um eterno aprendizado e jamais me esqueci disso. E que se nunca prestarmos atenção nessas coisas, não melhoraremos e cometeremos os mesmos erros.

Consta que uma senhora de bastante idade procurou um geriatra e diante da macróbia, esse profissional da medicina de pronto lhe assegurou que não poderia fazê-la rejuvenescer, ao que ela retrucou, dizendo-lhe que viera ao consultório não para rejuvenescer, mas para envelhecer mais.

Quem viveu mal pode viver pior durante sua aposentação, mas tal conclusão não é um apanágio. Os muito pobres e os doentes terão muitos percalços em tentar serem sapientes agora sem recursos para realizar muitas coisas.

"Velho que não tem juízo, nunca o teve", disse o Marquês de Maricá (1773-1848).

Entretanto, os erros dos outros podem nos ensinar; isso nos prepara para evitar alguns dos nossos.

QUESTÕES SEMÂNTICAS

Não fará mal tratar aqui de algumas questões vernaculares que dizem respeito ao tema. Como se verá, em cada caso, aposentar significa estancar toda e qualquer atividade e também simplesmente receber a aposentadoria e fazer algumas ou muitas coisas.

Uma questão linguística mais incisiva diz respeito ao estado de espírito da pessoa que se considera: é a diferença entre velho e idoso.

Não é politicamente correto chamar alguém de velho, expressão pejorativa; velho é trapo. Deve-se referir a ele como idoso ou mais velho e, como é comum, pessoa da terceira idade. Entretanto, existem envelhecidos por variados motivos, decorrentes do tempo passado, especialmente por conta de enfermidades, desavenças e incompreensões.

Oris de Oliveira equipara a ocupação do aposentado com lazer, cultura, arte, convívio familiar e social, educação, dedicação a um programa de assistência social, que ele chama de não trabalho (Trabalho. Não trabalho. Aposentadoria. In: *Preparação para aposentadoria*. São Paulo: LTr, 2009. p. 15/25).

Ele conclui: "Desvinculado das 'amarras' de uma vida estressante de trabalho marcado por horários impostos, por tarefas nem sempre prazerosas, o não trabalho da aposentadoria permite um ritmo de vida mais cadenciado, que vai do lar de jogar dominó com companheiros até a colocação dos préstimos a serviço de pessoas mais necessitadas, colaborando com o Estado, não o substituindo na função da justiça distributiva consiste em dar, ou melhor, 'restituir' mais a que tem menos" (ob. cit., p. 25).

E, é bom saber: aqui usamos as palavras "aposentadoria", um direito substantivo e "aposentação", o ato adjetivo de receber a aposentadoria.

EXEMPLO DE PRODUTIVIDADE

Niemeyer tem mais de 103 anos e não é velho; da mesma forma Dercy Gonçalves não era muito idosa quando faleceu. A diferença está nas condições físicas e psíquicas do ser humano. A Gráfica do Senado editou uma *Cartilha do idoso*, em 2003, que diz:

> **A vida é muito distinta,**
> **não é como se apresenta.**
> **Alguns são velhos com trinta,**
> **outros, jovens com sessenta.**

RESPEITO AO APOSENTADO

O Estatuto do Idoso visou ampliar a deferência ao idoso. Pode-se até falar em resgatá-la por que no passado já existiu.

A própria norma preceituou sobre a dignidade e a liberdade, mas nesse momento, não se esqueceu do aspecto mais importante: o respeito. Ovídio (43 a.C a 17 d.C) já reclamava: "Grande foi outrora o respeito à cabeça encanecida".

Atualmente, com o desmembramento da família, o desaparecimento das enormes residências térreas e a adoção de pequenos apartamentos, os pais jubilados perderam espaços. Se não quiserem ficar em casa importunando as esposas têm de ir para as ruas.

O avanço crescente da tecnologia e a desatualização os marginalizaram da vida moderna. Fazer o que, se não tiver jeito, chame o neto e peça para ele explicar como funciona a TV a cabo.

Um baixo nível pecuniário da aposentadoria e da pensão torna os velhinhos dependentes dos herdeiros, mas pior é que ser vítima daqueles a quem mantém. O desapreço do neocapitalismo pelos improdutivos relegou-os ao limbo da solidão. Quando for criticar esse regime, que lhe propiciou os genéricos, procure lembrar-se do tempo em que você era jovem e desprezava a inutilidade dos mais velhos.

A dura luta pela vida afastou os pais dos filhos. Arrefeceu o respeito também por falta de tradição e por culpa do próprio aposentado, que não se fez respeitar. Só é considerado pela sociedade e pela família o idoso rico, famoso ou detentor de poderes.

Certo Presidente da República, um homem culto, num arroubo de extrema infelicidade e ato impensado, chamou os aposentados de vagabundos. Eles são, sim, vagabundos, no mais doce significado da palavra; eles compraram honestamente o direito não fazer nada. Outros, nem tanto.

O êxodo rural, a urbanização das habitações, a diminuição das famílias numerosas, o fim dos laços consaguíneos, certas dificuldades financeiras, os conflitos entre as gerações, a transferência de responsabilidades e alguns apegos culturais são outros elementos que contribuíram para algum desapreço do aposentado.

Isso pode valer nas metrópoles, mas não nas pequenas cidades do nordeste; ali, o percipiente do salário mínimo pago pelo INSS chega a ser um bom partido.

PROJETO DE APOSENTAÇÃO

Participar do estudo fundamental, médio ou superior tem sido um preâmbulo da vida independente, profissional e pessoal. Os indivíduos frequentam curso para o casamento ou para a vida a dois.

Mas, a despeito de algumas iniciativas, poucos se preparam convenientemente para a aposentação, como se necessariamente ela fosse um período de inatividade, baixa rentabilidade e envelhecimento empobrecido. E, olha, para alguns, inevitavelmente será...

Lembre-se da fábula de La Fontaine: a cigarra cantou a vida toda e sempre tinha uma enorme plateia a aplaudindo, enquanto a formiga economizava...

Um projeto de aposentação deve começar pelo menos dez anos de completar o direito ao benefício e envolve vários aspectos adiante desenvolvidos.

ACOMODAÇÃO DOS INATIVOS

Muitos aposentados são vítimas da acomodação. Quando do exercício das atividades, se o seu metabolismo já era baixo, não haverá problemas.

Fugir da natureza é complicado, sem uma razão especial para isso. Mas, se a pessoa era naturalmente ativa, ela não deve se acomodar e até por conta de recomendações médicas.

FAÇA O QUE SEMPRE QUIS

Tentar fazer o que sempre quis não é tão simples quanto parece; a realização dessa quimera necessariamente não lhe fará bem. Deve-se esforçar-se, mas se não der certo, o correto é partir para outra experiência até encontrar realmente o que o deixe à vontade.

Se nunca experimentou isso — fazer o que sempre quis — às vezes revela-se uma situação desconfortável. Mas, em algum momento, não é impossível encontrar algo jamais cogitado e que fará bem. Descobrir e redescobrir, num processo constante, na melhor idade, é um deleite bastante gostoso.

É possível que você se envergonhe um pouco com essas mudanças, principalmente, diante da família e dos parentes mais próximos. Deixe pensarem que o velhinho endoidou, lembre-se da máxima dos idosos: você é inimputável. Mas, é claro, agora com 76 anos, isso não o autoriza a casar-se com aquele brotinho de 18 anos.

INCENTIVOS PATRONAIS

As empresas detêm variados interesses para renovar a sua mão de obra e por isso incentivam a aposentação. Os planos de preparação para aposentadoria nasceram no âmbito empresarial e devem ser desenvolvidos, ainda que o objetivo seja o *turnover*.

Que susto leva o antigo e dedicado empregado quando é convidado para participar de um deles e lhe informam que está com bastante tempo de serviço. "Será que não me querem mais?"

Possivelmente não é isso porque a sua experiência é altamente rentável para a empresa, mas faz parte do jogo empresarial substituí-lo algum dia, então, que seja com alguma preparação e dignidade.

Capítulo 2

CONCESSÃO DA APOSENTADORIA

Os pressupostos legais para a concessão de uma das cinco aposentadorias possíveis que, até os idos de 1994, quando exigiam o afastamento do trabalho, eram quatro, desde então são três: a) qualidade de segurado; b) período de carência; e c) evento determinante.

Portanto, a primeira é uma razão de ordem jurídica; a segunda, imposição financeira envolvida com o financiamento individual e social da prestação; e, por último, a terceira, aquela contingência previdenciária com observância ou não de aspectos da medicina do trabalho.

QUALIDADE DE SEGURADO

A qualidade de segurado é um atributo jurídico do estado de segurado. De regra, de quem fez um seguro, por sinal obrigatório. Considerada dinamicamente no tempo, ela pode ser: inexistente (I), adquirida (II), preservada (III), mantida (IV), perecida (V) e resgatada (VI).

Quem ainda não se filiou, isto é, não exerceu atividade remunerada ou desejou se inscrever, obviamente não desfruta da qualidade de segurado.

Uma vez presente o fato gerador da filiação, automaticamente emerge essa qualidade jurídica. Nesse sentido, ser segurado ou ter a qualidade de segurado é a mesma coisa.

Durante a relação trabalhista, laboral ou contributiva, a qualidade é exercitada. Essa preservação também subsiste durante o gozo dos benefícios. Semanticamente não se poderia chamar de segurado a quem está fruindo uma prestação, mas apenas e tão somente de aposentado (porque o sinistro já ocorreu).

Após a cessação do fato eleito pelo legislador e mesmo sem contribuição, a qualidade se mantém por algum tempo em várias hipóteses.

No comum dos casos da relação jurídica de previdência social, a qualidade é extinta em determinado dia, digamos à meia noite.

Por último, a qualidade pode algum dia ser resgatada se a pessoa readquirir a condição jurídica de novamente filiado (exercer atividade ou manifestar a vontade de reingressar no regime jurídico protetivo).

Excepcionalmente, na figura do direito adquirido ela é dispensada. Quem algum dia preencheu todos os três requisitos legais (entre os quais a própria qualidade), ainda que afastado da previdência social, a qualquer momento pode solicitar o benefício.

Ainda em caráter inusitado, quem completou o período de carência e atingiu a idade mínima, mesmo após a perda da qualidade de segurado, faz jus à aposentadoria por idade.

PERÍODO DE CARÊNCIA

Carência é um número mínimo de contribuições. Carência, constituída de contribuições vertidas pelo segurado ou presumidas como se tivessem sido recolhidas pelos empregados.

A exigência desse número mínimo de contribuições varia substancialmente conforme se cogite de uma aposentadoria não programada (aposentadoria por invalidez) ou programada (especial, do professor, por idade ou por tempo de contribuição).

Todas as quatro prestações programadas exigem 180 mensalidades e podem ser designadas, no que diz respeito ao período de carência, de comuns.

A única imprevisível (aposentadoria por invalidez) pode ser comum, ou seja, devida a incapacidade não laboral ou ser acidentária, quando proveio de doença ocupacional.

Neste caso, a primeira impõe um mínimo de 12 contribuições mensais e a segunda não exige período de carência.

Dispensa igualmente válida para o acometido por várias doenças graves.

EVENTO DETERMINANTE

Cada uma das cinco aposentadorias possíveis admite um evento determinante distinto: a) incapacidade para o trabalho; b) exposição aos agentes nocivos; c) magistério; d) idade avançada; e e) tempo de contribuição.

Precedida ou não de auxílio-doença (NB 31), uma aposentadoria por invalidez (NB 32) é deferida para quem não mais pode exercer a sua atividade nem é suscetível de recuperação. Portanto, é a única que pressupõe um exame médico concessório e exames sequenciais. Curiosamente, a legislação não prevê a hipótese de o INSS comunicar ao segurado ou ao empregador que o benefício é definitivo (e todos ficam sem saber o que fazer).

Para obter a aposentadoria especial (NB 46) um segurado precisa demonstrar documentalmente ao órgão gestor que ficou 15, 20 ou 25 anos exposto a um agente nocivo físico, químico, biológico, ergométrico ou psicológico em caráter habitual e permanente acima dos limites de tolerância.

Essa prova se faz com o PPP emitido a partir do LTCAT e outros documentos trabalhistas.

A aposentadoria por idade é deferida aos 55 anos (mulher) e 60 anos de idade (homem) para o rurícola e aos 60 anos (mulher) e 65 anos de idade (homem) para o trabalhador urbano.

Didaticamente, existem quatro aposentadorias por tempo de contribuição: a) do professor; b) do anistiado; c) do ex-combatente; e d) comum.

A primeira é concedida cinco anos antes da comum.

Já a segunda diz respeito a pessoas que sofreram restrições pessoais, profissionais, políticas e sociais, e os seus delitos foram objeto de anistia.

A terceira refere-se a brasileiros que combateram na Itália durante a grande guerra e são beneficiados de uma vasta legislação específica.

Por último, a aposentadoria tida como comum (NB 42), que admite duas variantes: I) proporcional, em extinção, e que reclama um limite mínimo de idade de 48 anos (para a mulher) e 53 anos (para o homem), concedida dos 25 aos 29 anos (mulher) e dos 30 aos 34 anos (homem) e II) integral, sem qualquer limite de idade, deferida aos 30 anos de contribuição (mulher) e 35 anos de contribuição (homem).

Embora aqui designada como comum essa última aposentadoria abriga períodos de exposição dos agentes nocivos devidamente convertidos (poderíamos falar em NB 42 com NB 46).

DATA DO INÍCIO

A aposentadoria por invalidez, de regra, começa após a cessação do auxílio--doença ou no 16º dia contado do afastamento do trabalho quando deferida diretamente.

Requerida tempos depois, na Data de Entrada do Requerimento (DER).

A aposentadoria especial, do professor, por idade e por tempo de contribuição tem início na DER. Solicitada após o afastamento do trabalho até 90 dias, retroage a Data do Afastamento do Trabalho (DAT).

REGRAS DA MANUTENÇÃO

Uma vez deferidas administrativamente essas prestações de pagamento continuado, diz-se que elas são mantidas mensalmente até que cessem (por variados motivos).

REAJUSTAMENTOS PERIÓDICOS

Em razão da inflação e para repor a perda do poder aquisitivo da moeda, anualmente as mensalidades são reajustadas, aplicando-se como indexador o Índice Nacional de Preços ao Consumidor (INPC).

Quem solicitou o benefício fora da data-base (a partir de 2010 tem sido em janeiro de cada ano) obtém proporcionalmente a variação do INPC. Não há direito subjetivo a aumentos, mas tão somente aos reajustamentos anuais. Em 2010, em vez dos 6,4% o Governo Federal autorizou 7,72% para quem recebia um benefício acima do salário mínimo.

EXTINÇÃO DO BENEFÍCIO

De regra, *mors omnia solvit*, os benefícios cessam com o falecimento do aposentado.

Mas as mensalidades podem ser suspensas e até mesmo cessadas, caso subsistam razões fáticas e jurídicas exuberantes bastante para isso.

A aposentadoria por invalidez pode terminar com a alta médica seguindo-se pagamentos parciais por algum tempo.

Dá-se a suspensão se o segurado voltar indevidamente ao trabalho, solução que pode evoluir para um cancelamento.

Além do falecimento do segurado, o benefício se finda por transformação ou desaposentação, possibilidades jurídicas a serem ou não reconhecidas pela Justiça Federal (*Desaposentação*. 4. ed. São Paulo: LTr, 2011).

PROTEÇÃO AO DIREITO

A aposentadoria não pode ser alienada, penhorada nem sequestrada e beneficia-se pela definitividade. Exceto por vontade do segurado, ela é vitalícia.

Todos os três magistrais institutos constitucionais se postam como garantia dos indivíduos: direito adquirido, ato jurídico perfeito e coisa julgada.

NATUREZA JURÍDICA

Tida constitucionalmente como uma prestação com caráter alimentar, a aposentadoria é um direito constitucional, disciplinado pela lei ordinária. Apresenta nuanças de substituidora do salário e se sujeita a regras de acumulação.

RETENÇÕES POSSÍVEIS

A manutenção das mensalidades do benefício admite algumas retenções: a) descontos do INSS; b) pensão alimentícia; c) Imposto de Renda; e d) empréstimo bancário consignado.

COMANDOS DE ACUMULAÇÃO

Excetuadas as figuras de direito adquirido, dentro de um mesmo regime (se considerados dois deles o raciocínio não tem validade), não é possível acumularem-se duas aposentadorias. Mas é perfeitamente correta a percepção simultânea de um desses benefícios com a pensão por morte.

As regras de acumulação de benefícios do RGPS não devem ser confundidas com aquelas que envolvem o regime geral dos servidores civis e militares (RPPS).

VOLTA AO TRABALHO

A aposentadoria por invalidez não permite a volta ao trabalho; a rigor, porque o seu pressuposto é a incapacidade para o trabalho. Excepcionalmente, alguém que exercia duas atividades ao mesmo tempo pode ficar incapacitado para apenas uma delas.

Já a aposentadoria especial não comporta o retorno ao labor em serviço insalubre.

Tanto a aposentadoria por idade quanto a por tempo de contribuição, ambas admitem a volta ao trabalho.

REGRAS INTERPRETATIVAS

Quando de verdadeiras dúvidas as prestações previdenciárias devem ser interpretadas extensivamente a favor dos requerentes. Principalmente o vetusto *in dubio pro misero*. E máxime no que diz respeito à aposentadoria por invalidez. A aposentadoria especial, em razão de sua excepcionalidade, não acolheria visão extensiva.

PRINCÍPIOS VÁLIDOS

Praticamente quase todos os princípios de Direito Previdenciário são válidos em termos de aposentadorias (*Princípios de direito previdenciário*. 5. ed. São Paulo: LTr, 2011).

RECURSOS POSSÍVEIS

Se o pedido de aposentadoria é negado pelo INSS, em 30 dias cabe Recurso Ordinário à JRPS e da decisão da JRPS cabe Recurso Especial ao CRPS, sediado em Brasília.

Judicialmente diante da negativa o segurado pode se valer de ação no Juizado Especial Federal ou na Vara da Justiça Federal, seguindo as três instâncias possíveis.

Na hipótese de aposentadoria por invalidez acidentária a Justiça Comum é competente. Não está consolidado o ponto de vista que se tratando de reajustamentos do valor de benefícios acidentários que essa divisão do Poder Judiciário seja a adequada (porque se estaria discutindo o infortúnio)

A nosso ver os dissídios da previdência complementar devem ser solucionados pela Justiça Comum e não pela Justiça do Trabalho.

Capítulo 3

TIPOS DE APOSENTADORIAS

São esmiuçadas, em seguida, as diversas aposentadorias. O registro escrito mais antigo da aposentadoria é a Bíblia. Para alguns etimologistas significaria ficar nos aposentos, mas não há unanimidade a respeito: fora do Brasil ela é também conhecida como pensão.

DIVERSIDADE DA PROTEÇÃO

Os dois principais regimes de previdência social pública do Brasil são: o Regime Geral da Previdência Social (RGPS) e o Regime Próprio de Previdência Social (RRPS).

Na iniciativa privada existem ainda regimes complementares abertos (EAPC) e fechados (EFPC) e seguro privado.

O primeiro regime de direito público envolve os trabalhadores da iniciativa privada, incorporando as empresas estatais e os entes políticos sem regime próprio, com mais de 30 milhões de filiados.

O dos servidores públicos federais, estaduais, municipais e do Distrito Federal, aproximadamente com cinco milhões de filiados é o segundo.

A previdência complementar rigorosamente não aposenta, mas completa as aposentadorias.

São de dois tipos as aposentadorias possíveis: as cinco voluntárias e uma obrigatória. Excepcionalmente, a aposentadoria por idade pode ser requerida pelo empregador ou deferida pelo órgão público e, por isso, ao lado das espontâneas é conhecida como compulsória.

As voluntárias, isto é, requeridas pelo segurado, são: a) por invalidez; b) especial; c) do professor; d) por tempo de contribuição proporcional (em extinção) e integral; e e) por idade.

Casos particulares de aposentadoria são as dos anistiados e dos ex-combatentes.

A aposentadoria por invalidez é a única que submete o segurado ao exame médico pericial inicial e sequencial, usualmente precedida pelo auxílio-doença. Ou seja, a incapacidade obriga a pessoa a afastar-se do trabalho e limita o gozo dos momentos de lazer.

Todas são de pagamento continuado, substituidoras do salário e em regra cessam com a morte do aposentado; eventualmente terminam com transformação ou alta médica (caso da por invalidez). Em alguns casos, impedem a volta ao trabalho.

APOSENTADORIA POR INVALIDEZ

A aposentadoria por invalidez comum exige um período de carência de 12 contribuições mensais, depende de perícia médica e é de 100% de uma média dos 80% maiores salários de contribuição atualizados desde julho de 1994.

Quando a causa da incapacidade é acidentária não há exigência do período de carência. Ambas impedem a volta ao trabalho e se isso acontece, são suspensas as mensalidades e em algum caso cessa o benefício.

Quem tem necessidade da ajuda de terceira pessoa pode ter a renda mensal do benefício aumentada em 25%, inclusive ultrapassando o limite de R$ 3.689,66, vigente em 2011.

Não há previsão para esse acréscimo no caso do servidor público federal.

Os aposentados por invalidez têm uma vida diferente dos demais aposentados na medida em que não desfrutam de condições ideais para o *ocium cum dignitat*. Conforme o tipo de incapacidade é determinado o seu comportamento e o padrão de vida.

Nossa legislação não quer enfrentar a questão do percipiente desse benefício que voltaram ao trabalho em "bicos", realização de pequenos serviços e percepção de baixas rendas.

O avanço da tecnologia da assistência à saúde alterou profundamente a situação dos aposentados por invalidez, principalmente quando a inaptidão decorreu de eventos traumáticos, permitindo-lhes exercer determinadas atividades a partir do emprego de órteses e próteses. Ninguém nega que a reabilitação comum ou profissional deveria ser um dos mais importantes programas do Governo Federal.

APOSENTADORIA POR IDADE

Este é um benefício que depende da faixa etária dos segurados, sendo de 55 anos para a mulher rurícola, 60 anos para o segurado urbano e o homem rurícola, e 65 anos para o obreiro citadino.

Não depende de exame médico e o seu valor é de 70% da média dos 80 maiores salários de contribuição corrigidos desde julho de 1994 mais 1% a cada ano de filiação ao RGPS, com permissão para a volta ao trabalho e se, assim quiser o segurado, com uma renda mensal calculada sem depender do fator previdenciário.

É preciso lembrar que este talvez seja o único benefício que historicamente restará mais adiante, depois de todas as reformas da previdência social. E cujo limite mínimo de idade cresce em todo o mundo.

A diferença de idade entre homem e mulher está na alça de mira dos observadores e, levando em conta que as mulheres vivem sete anos mais, possivelmente haverá a uniformização da faixa etária.

COMPULSORIEDADE DA APOSENTADORIA

A aposentadoria pode ser requerida pela empresa se o empregado tiver 65 anos de idade no RGPS e 70 anos no RPPS do serviço público, *in casu* designada como compulsória.

Este tipo de jubilação decidido por terceiros não é de agrado de ninguém e no mais comum dos casos é um equívoco técnico do legislador. Muitos obreiros, nessa altura da vida estão no auge da produtividade, conhecimento e experiência, e não deveriam ser afastados do serviço. Ao contrário, prestigiados, promovidos e homenageados.

Quem é aposentado contra a vontade sente-se duplamente prejudicado; perde o que todos perdem e se julga injustiçado, mas o que deve pensar quando tiver de avaliar sua pouca disposição para o descanso é que o forçaram a isso. Uma pena.

APOSENTADORIA ESPECIAL

A aposentadoria especial, correspondente à média dos 80 maiores salários de contribuição corrigidos desde julho de 1994, sem limite de idade, devida a quem se expôs aos agentes nocivos físicos, químicos, biológicos, ergométricos ou psicológicos por 15, 20 ou 25 anos de atividade, restando impedido de voltar ao trabalho em ambiente insalubre (*Aposentadoria especial.* 5. ed. São Paulo: LTr, 2010).

Uma prestação difícil de ser conseguida atualmente, desde 1995. Quando deferida a pessoa se afasta com pouca idade, em plena maturidade, e se voltar a um trabalho, convém que procure diversificar a ocupação profissional.

Este é segurado ideal para as recomendações deste ensaio: o percipiente da aposentadoria especial. Principalmente porque o exposto aos agentes nocivos é alguém que desenvolve grande esforço físico, às vezes muscular, tem alguma perda da higidez do organismo e o gozo da aposentadoria deve servir também para a recuperação da saúde.

Em muitos casos, o fato de jubilar-se com saúde e ser difícil a explicação da sua ociosidade (nem sempre caracterizada) suscitaria um total reexame desse benefício.

APOSENTADORIA POR TEMPO DE CONTRIBUIÇÃO

Além daquele decorrente da idade, o benefício por tempo de contribuição é o que mais reclama preparação por parte do segurado, porque atualmente isso acontece precocemente em face da esperança média de vida do brasileiro.

Pode ser de 70% (proporcional) e ir até 100% da média dos 80 maiores salários de contribuição corrigidos desde julho de 1994, sendo severamente afetada pelo fator previdenciário, caso o segurado tenha pouca idade quando do requerimento.

Os mais jovens devem saber que esse benefício está destinado à extinção e que muito possivelmente irão se aposentar apenas por idade. Ou seja, que terão de trabalhar mais tempo que os seus pais e avós.

O exercente na atividade profissional física sofre um desgaste do organismo diferente do trabalhador intelectual. Geralmente quando aposentado, ou nada fará ou exercerá pequena atividade braçal.

APOSENTADORIA DO PROFESSOR

Quem se dedica ao magistério é uma pessoa especial. Como certeza não é pensando na remuneração que ele se dedica a esse extraordinário ministério, que é ensinar.

Logo, jubilando-se bem cedo precisa pensar o que fará e quase sempre acaba indo dar aulas. O que não pode é perder a experiência adquirida em todos os anos de escola.

BENEFÍCIO DA LOAS

O benefício de pagamento continuado é devido àqueles que têm mais de 65 anos de idade e sem condições familiares de subsistência. É uma prestação com caráter assistenciário do tipo pensão e espécie de aposentadoria.

O titular, além de ser deficiente ou idoso, assim viverá os seus últimos dias, possivelmente com muitas limitações.

Trata-se de um benefício de valor mínimo, o que reduz bastante as possibilidades de realização de alguma coisa.

INAÇÃO DOS AUTOSSUFICIENTES

Muitos indivíduos vivem de rendimentos auferidos de variada ordem, entre os quais os derivados do patrimônio recebido por herança. Outros são empreendedores que conseguiram realizar um capital que lhes permite deixar de exercer qualquer atividade sem necessidade de receber aposentadoria.

São os não segurados. De regra, diante da condição que desfrutam costumam ser do tipo que desejam trabalhar até morrer.

PENSÕES COM CARÁTER INDENIZATÓRIO

No Brasil existe um sem-número de benefícios não previdenciários que detém alguma semelhança com as aposentadorias. São securitários ou não, tem caráter indenizatório, e a maioria deles é atribuída ao INSS, caso dos Seringueiros da Amazônia, Césio 137, Hemodiálise de Caruaru, Síndrome da Talidomida, etc.

PRÊMIO À DEDICAÇÃO

E ainda existem benefícios devidos pela União para pessoas que prestaram relevantes serviços ao País em todas as esferas. Principalmente pensões indenizatórias por culpa do Governo Federal.

ACUMULAÇÃO COM PENSÕES

Diversos aposentados acumulam pensões por morte e têm de considerar que mais cedo ou mais tarde isso pode mudar.

Capítulo 4

PROVA DO TEMPO DE SERVIÇO

A Previdência Social não aceita depoimento testemunhal quando desacompanhado de início razoável de prova material.

Diferentemente da prova produzida junto da Administração Pública, diretamente ou mediante a JA, aquela encetada na Justiça do Trabalho cerca-se de legitimidade, confrontada com a posição oficial do INSS em virtude da disposição legal expressa (PBPS, art. 55, § 3º). Basicamente provindo desse conflito maior de fato de que para o Direito do Trabalho, ao contrário do Direito Previdenciário, o depoimento testemunhal tem grande relevância para o convencimento probatório.

Tal dissídio nasce do tipo de relação que cada uma dessas ações tem de enfrentar. No âmbito previdenciário a inconformidade se dá entre uma pessoa física (segurado) e uma pessoa jurídica de direito público (a autarquia federal denominada INSS). Por outro lado, no âmbito trabalhista estão em confronto aquela mesma pessoa física (empregado) e uma pessoa jurídica de direito privado (o empregador).

O tempo de serviço não exige necessariamente o recolhimento das contribuições; o tempo de contribuição a pressupõe. Não será fácil demonstrar que ocorreu o pagamento das contribuições apenas com depoimentos testemunhais.

A interpretação cabível é diferente. Assevera que exceto na figura da presunção, ou beneficiário faz a prova material ou não tem o tempo considerado.

Vale sempre lembrar que o RPS dispensa o início de prova material quando de força maior ou caso fortuito. "Caracteriza motivo de força maior ou caso fortuito a verificação de ocorrência notória, tais como incêndio, inundação ou desmoronamento, que tenha atingido a empresa na qual o segurado alegue ter trabalhado, devendo ser comprovada mediante registro da ocorrência policial feito em época própria ou apresentação de documentos contemporâneos dos fatos, e verificada a correlação entre a atividade da empresa e a profissão do segurado" (RPS, art. 143, § 2º).

NOTORIEDADE DO FATO

O evento excludente do início de prova tem de ser notório, isto é, bastante conhecido, divulgado pela mídia, objeto de ampla repercussão (como sói acontecer).

INCÊNDIO INCINERADOR

Incêndio é um acontecimento bastante comum nas cidades, mas que também sucede na zona rural.

INUNDAÇÃO DA ÁREA

Nos tempos modernos as inundações têm sido bastante comuns e muito destruidoras. As chuvas de dezembro de 2009 a janeiro de 2010 mataram 63 pessoas no Estado de São Paulo.

DESMORONAMENTO DE TERRA

Não só os desmoronamentos de terra como de edifícios e obras de modo geral são causadores da destruição de provas.

MEIOS DE PROVA

As ocorrências terão de ser provadas com documentos oficiais, particularmente o Boletim de Ocorrência do Corpo de Bombeiros.

DOCUMENTOS DA ÉPOCA

Quando o art. 143, § 2º, fala em documentos ele está se referindo àqueles que demonstrem a ocorrência e não os vinculados à prova.

COMPATIBILIDADE COM O CNPJ

Será de bom alvitre haver uma correlação entre a ocupação do trabalhador (CBO) e atividade da empresa (CNPJ).

OUTROS MEIOS

A queda de um avião, os efeitos de um ciclone, as consequências de um vendaval, atos de vandalismo, ações revolucionárias ou de guerra que destruam o setor da empresa em que contido os documentos, têm os mesmos efeitos.

PROVA NA JUSTIÇA DO TRABALHO

Quem chegasse ao Brasil, sabedor da presunção relativa da CTPS (PCSS, art. 33, § 5º) não iria entender por que a anotação feita pelo empregador tem validade e não tem a da Justiça do Trabalho.

Numa previdência social eminentemente contributiva, todo debate se apoia num anacronismo da nossa legislação: se o segurado alega haver trabalhado e nos termos do art. 45-A do PCSS (desde a LC n. 128/2008) pensa em recolher as contribuições, não há razão para impedi-lo.

Todos os registros operados pelas Varas Trabalhistas devem-se às dificuldades que os segurados têm em comprovar administrativamente o tempo de serviço. Ainda que possa estar presente um dissídio entre empregado e empregador, nesses casos a Justiça do Trabalho é utilizada como instrumento jurídico de convencimento que melhor caberia, então, na Justiça Federal.

O segurado deseja o reconhecimento do período de trabalho para fins de benefícios previdenciários administrados pelo INSS, uma autarquia federal. Essa distorção institucional da organização judiciária, que outorgou validade ao formalismo processual trabalhista obrigou o MPS a incrustar no PBPS o § 3º do art. 55.

Imagine-se que "A" reclamasse vínculo empregatício por 35 anos de "B", para quem nunca trabalhou e que esse "B" sequer comparecesse à audiência. Revel o reclamado, o Juiz mandaria anotar na CTPS o suporte básico para a filiação, possivelmente não reclamaria sequer os últimos cinco anos, pois presumido o desconto e o recolhimento, estaria caracterizado o direito à aposentadoria por tempo de contribuição de alguém que jamais trabalhou.

Diz o art. 55, § 3º, do PBPS: "A comprovação do tempo de serviço para os efeitos desta Lei, inclusive mediante justificação administrativa ou judicial, conforme o disposto no art. 108, só produzirá efeito quando baseada em início de prova material, não sendo admitida prova exclusivamente testemunhal, salvo na ocorrência de motivo de força maior ou caso fortuito, conforme disposto no Regulamento".

Diferentemente da primeira CLPS (a segunda omitiu-se), o art. 55, § 3º, do PBPS não fala mais em razoabilidade, embora ela seja intrínseca à demonstração. O núcleo do dispositivo é o início de prova material, conceito a ser desenvolvido em razão de a norma, como determina logo em seguida, não acolher aquele exclusivamente testemunhal. Isto é, o documento ou peça escritos, fotografias, figuras ou desenhos devem levar o aplicador à convicção de fato probando, ou seja, a prova material, não importando qual, e particularmente a escrita, além de pertencente à época dos fatos, deve fornecer indicações seguras da ocorrência do evento probando.

A expressão "início de prova material" desdobra-se em três partes: a) deve ser incipiente, dispensada a persuasão exaustiva; b) deve ser razoável, isto é, ser acolhida pelo senso comum; e c) deve ser material, não ser aceito o depoimento testemunhal isolado.

O PBPS não especifica a natureza desse começo, sua potência e sua eficácia. Abre, assim, campo a todas as perspectivas. Silencia quanto à quantidade ou qualidade de documento: um, se eficiente é suficiente; vários, mesmo frágeis, na mesma direção, são convenientes.

De quem, por exemplo, no título de eleitor, certificado de reservista, certidão de casamento ou de nascimento dos filhos declare a profissão da qual possui diploma ou certificado (provas individualmente fracas) pressupõe ter exercido esse mister. Se no começo, no meio e no fim de certo período apresentou prova do trabalho, admite-se ter prestado todo o lapso de tempo.

Capítulo 5

DEMONSTRAÇÃO TESTEMUNHAL

No âmbito da seguridade social a prova exclusivamente testemunhal é um item polêmico e ainda aberto ao debate. A jurisprudência da Justiça Federal hesita em afirmar esta ou aquela posição e tem se acostado ao entendimento legal.

VALOR NO DIREITO PREVIDENCIÁRIO

Diferentemente do Direito do Trabalho, em que essa modalidade é elevada ao pináculo da hierarquia das provas, no Direito Previdenciário o depoimento testemunhal é o mais pobre dos meios persuasórios à disposição dos beneficiários.

A discussão é antiga. Pelo menos duas escolas há tempos se digladiam: a) os defensores do amplo direito constitucional de defesa e b) os legalistas.

POSIÇÕES CIENTÍFICAS

Os primeiros alegam que exigir mais do que o simples depoimento testemunhal é contrariar o princípio do direito de defesa. Os segundos, que é a opinião do INSS, defendem o art. 55 do PBPS e reclamam uma prova material, ainda que meramente indiciária.

Historicamente, a presença do art. 55 do PBPS se deve ao fato de que os segurados poderiam testemunhar fatos dos quais não tiveram conhecimento ou que não constataram e, consequentemente, poderia subsistir conluio, má-fé ou fraude.

PLANO DE BENEFÍCIOS

Repetimos. O § 3º do art. 55 do PBPS diz que: "A comprovação do tempo de serviço para os efeitos desta Lei, inclusive mediante justificação administrativa ou judicial, conforme o disposto no art. 108, só produzirá efeito quando baseada em início de prova material, *não sendo admitida prova exclusivamente testemunhal*, salvo na ocorrência de motivo de força maior ou caso fortuito, conforme disposto no Regulamento" (grifamos).

ALCANCE DO ENTENDIMENTO

Não tem sido aceito esse instrumento de convencimento quando da instrução do benefício, por ocasião de justificação administrativa e até mesmo no Poder Judiciário.

DOMÉSTICO E RURÍCOLA

O legislador previdenciário deveria repensar o critério de sopesamento dos meios de provas.

Pela própria natureza das suas funções exercidas, os domésticos e os trabalhadores rurais não dispõem dos mesmos recursos probatórios que os demais segurados.

Neste caso, ou se diminui a exigência dos indícios ou se aceitam os depoimentos testemunhais.

CONTRIBUTIVIDADE DA PREVIDÊNCIA SOCIAL

Na medida em que a previdência social se tornou acentuadamente contributiva, processo reencetado com a EC n. 20/1998, desde que o segurado tenha recolhido ou venha a recolher as contribuições devidas, não importaria se ele logra provar o tempo de serviço ou não.

FORÇA MAIOR E CASO FORTUITO

A lei excepcionou duas hipóteses em que o depoimento testemunhal é aceito: a) força maior e b) caso fortuito.

REGULAMENTO DOS BENEFÍCIOS

Para o RPS: "Caracteriza motivo de força maior ou caso fortuito a verificação de ocorrência notória, tais como incêndio, inundação ou desmoronamento, que tenha atingido a empresa na qual o segurado alegue ter trabalhado, devendo ser comprovada mediante registro da ocorrência policial feito em época própria ou apresentação de documentos contemporâneos dos fatos, e verificada a correlação entre a atividade da empresa e a profissão do segurado" (art. 143, § 2º).

ALEGAÇÃO JUDICIAL

Se o segurado obtém sentença da Justiça Federal reconhecendo algum fato de seu interesse, com ou sem início razoável de prova material, o INSS não pode ignorar essa decisão.

Capítulo 6
REVISÃO DE CÁLCULO NO ADCT

De modo geral, o art. 58 do ADCT mandou rever as mensalidades dos benefícios mantidos até 5.10.1988 e pagar os novos valores a partir de abril de 1989. Para isso estabeleceu um critério matemático que envolve a renda mensal a ser revista: o número de salários mínimos nela contidos e a nova renda mensal após a revisão.

PERÍODOS ABRANGIDOS

As prestações concedidas de 5.10.1988 a 5.4.1991 "devem ter sua renda mensal inicial recalculada e reajustada, de acordo com as regras estabelecidas nesta Lei" (art. 144 do PBPS, até ser revogado pela Medida Provisória n. 2.187-13/2001).

ART. 58 DO ADCT

Diz o ADCT: "Os benefícios de prestação continuada, mantidos pela previdência social na data da promulgação da Constituição, terão seus valores revistos, a fim de que seja restabelecido o poder aquisitivo, expresso em número de salários mínimos, que tinham na data de sua concessão, obedecendo-se a esse critério de atualização até a implantação do plano de custeio e benefícios referidos no artigo seguinte" (art. 58).

DATA DA VIGÊNCIA

O parágrafo único acresceu: "As prestações mensais dos benefícios atualizadas de acordo com este artigo serão devidas e pagas a partir do sétimo mês a contar da promulgação da Constituição".

BENEFÍCIOS MANTIDOS

Quando o ADCT fala em benefícios mantidos ele pressupõe que todos o sejam, mas muitíssimos requerimentos protocolados antes de 5.10.1988 acabaram sendo deferidos depois dessa data, pois a DIB foi na DER.

O que importa é a Data do Início do Benefício e não quando ele foi concedido ou pago.

LEITURA EQUIVOCADA

Tendo em vista o princípio da manutenção do poder aquisitivo da moeda, expressado em inúmeras oportunidades no texto constitucional (às vezes, até exageradamente) é possível pinçar duas informações relativas ao critério de revisão das mensalidades no comando transitório:

a) Manutenção do poder aquisitivo — O núcleo da oração é restabelecer o poder aquisitivo da moeda perecido pela inflação.

b) Cálculo pelo salário mínimo — Dividir a renda mantida pelo valor do salário mínimo e o resultado encontrado multiplicado pelo valor do salário mínimo do momento da revisão.

SOLUÇÃO DO MPS

Sem qualquer contestação doutrinária ou jurisprudencial, o MPS simplesmente adotou a segunda leitura e fez uma operação matemática simples: dividiu o montante da mensalidade vigente pelo salário mínimo, a quantidade encontrada foi multiplicada pelo salário mínimo vigente na data da revisão (e fazia constar do holerite aquele número, induzindo desavisados que dali para frente eles receberiam em número de salários mínimos).

Caso o salário mínimo da última data-base refletisse a perda do poder aquisitivo, o raciocínio da Previdência Social seria correto, mas o salário mínimo é imprestável como indexador, além de juridicamente inaplicável (Súmula Vinculante n. 4).

Imagine-se o poder de compra de três salários mínimos de outubro de 1988, multiplicado pelos R$ 510,00 de 2010 (*sic*); este último valor é muito maior.

CONCEITO BÁSICO

O que o art. 58 mandou e foi obedecido é temporariamente rever as mensalidades dos benefícios com base no *quantum* do salário mínimo e ponto final.

A disposição tão cara aos aposentados e pensionistas de ter periodicamente revista a renda mensal pelo número de salários mínimos e não pela variação do INPC valeu apenas por sete meses.

Desde então muitíssimas ações foram protocoladas na Justiça Federal (e às vezes, estadual) buscando a adoção desse critério para tentar enfrentar a perda do poder aquisitivo dos benefícios. E, de modo geral, foram rechaçadas.

Capítulo 7

PRAZO PARA REVISÃO

Historicamente, a disciplina do prazo de decadência do direito de rever a essência dos benefícios tem dois momentos: a) até 28.6.1997 e b) depois dessa data-base.

Antes da regulamentação não havia prazo decadencial na legislação previdenciária. Logo, assim como o benefício era imprescritível (e continua sendo), não prescrevia o direito de promover uma revisão da concessão.

Portanto, para fatos geradores ocorridos antes dessa data (como uma concessão), jamais ocorrerá esse prazo decadencial.

MEDIDA PROVISÓRIA N. 1.523-9/1997

Quando sobreveio a Medida Provisória n. 1.523-9/1997, ela vigeu a partir de sua publicação no DOU, mas adquiriu eficácia dali para frente, ou seja, dez anos adiante. Somente os fatos geradores sucedidos depois de 2007 submeteram-se a esse critério. Ela não poderia retroagir a 1987 (aí alcançando os benefícios) porque o ordenamento brasileiro rejeita a retroatividade das leis.

Nesse interregno passado ninguém sabia que havia um prazo para poder pedir a revisão; tinha conhecimento de que poderia fazê-lo a qualquer tempo.

Equivoca-se qualquer entendimento que mande aplicar preteritamente sua eficácia para fatos supervenientes antes de sua publicação; ele ofende o ato jurídico perfeito.

NATUREZA DO PRAZO

Esse prazo de dez anos, a partir do qual o INSS não mais suspenderá ou cancelará mais um benefício é de decadência e jamais será elastecido.

Rigorosamente, também tem permissão para exigir provas da instrução do pedido que estiverem na posse do segurado.

CONTAGEM DO PRAZO

O decênio não se conta da DIB, mas da data em que o segurado tomou ciência da concessão do benefício. Que, usualmente, é um pouco mais elastecido e está relacionado com a apresentação dos documentos.

PRAZO DA DECISÃO

Não importando há quanto tempo venha ocorrendo a instrução do processo de revisão acatado, não há prazo para a decisão, sendo irrelevante a data da ciência do interessado. O termo é para a revisão e não para a comunicação da decisão da revisão.

ESSÊNCIA DOS DOCUMENTOS

Os documentos exigidos são aqueles que, de alguma forma, afetem o direito à prestação; são quaisquer, mesmo os essenciais, como CTPS, GPS, carnês de pagamento, RPA, RPCI, holerites, folha de pagamento, laudos técnicos, PPP, etc.

POSSE DOS COMPROVANTES

Se sabidamente o segurado possuir os documentos, o INSS está autorizado a solicitá-lo. Também poderá exigir documentos de terceiros que estejam obrigadas a guardá-los.

FRAUDE E MÁ-FÉ

Quem fraudou um pedido do benefício não tem pretensões jurídicas, não preenche os requisitos legais. Logo, não subsiste a pretensão e não se pode falar em revisão a destempo.

Neste caso, será preciso verificar a responsabilidade, pois não parece justo que muitos anos depois do decênio e, às vezes, decaída a ação penal, o segurado se veja a braços com o cancelamento de um benefício.

Este não pode ser mantido, mas provada a culpa do INSS, possivelmente estarão presentes os elementos do dano moral.

ÔNUS DA PROVA

Quem alega a fraude ou a má-fé é a administração; *ipso facto*, o ônus de demonstrá-las é da autarquia federal.

CAUSAS DECAÍDAS

Excetuadas a fraude e a má-fé, ultrapassados os dez anos, outros elementos da instrução não mais serão verificados. O universo das hipóteses é vasto, circundado pela exceção: o erro de cálculo, a interpretação equivocada da lei, a *culpa in vigilando*, etc.

SOLICITAÇÃO DO AUTOR

Dar-se-á de o autor do pedido de revisão ser o próprio segurado e que este, dentro do prazo legal, também de dez anos, tenha a solicitado. Serão consideradas as provas por ele apresentadas e, então, o INSS poderá exigir novos documentos, não atender a solicitação para maior e rever para menor o valor do benefício.

REFORMATIO IN PEJUS

O Direito Previdenciário não rejeita o *reformatio in pejus*; ele é admitido. Baseado em fatos exaustivamente convincentes, subsiste a possibilidade de o INSS reduzir o montante de um benefício. Dentro do prazo legal a Administração Pública reverá os seus atos.

Capítulo 8
ÍNDICE DE REAJUSTE DO SALÁRIO MÍNIMO

No domínio da previdência social o Índice de Reajuste do Salário Mínimo — IRSM foi utilizado como indexador monetário e teve influência nos cálculos dos benefícios previdenciários concedidos entre março de 1994 até fevereiro de 1997.

Criado pela Lei n. 8.542/1992, esse indexador vigeu de janeiro de 1993 a julho de 1994.

O INSS utilizou-se do IRSM para a definição do salário de contribuição até janeiro de 1994, convertendo os valores pela Unidade de Referência de Valor — URV, *ex vi* da Lei n. 8.880/1994.

O mês de fevereiro de 1994, de 39,67%, foi expurgado sob a alegação de teria havido transição da moeda, com a implantação da URV (R$ 637,50) e nenhuma perda pecuniária.

POSIÇÃO DOS TRIBUNAIS

O STJ, ao contrário, entendeu que o índice desse mês deveria ser considerado. A Lei n. 10.999/2004 regulamentou o direito dos que se sentiram prejudicados. Os dissídios dos aposentados com o MPS praticamente desapareceram.

MANUTENÇÃO DO PODER AQUISITIVO

A Carta Magna de 1988 passou a assegurar uma realidade financeira: a preservação do poder aquisitivo da moeda em face da inflação (ideia nascida da correção monetária da Lei n. 4.357/1964).

No mínimo os órgãos gestores devem perfilhar o princípio, que em 1998 foi enquistado no art. 201, § 3º, da Constituição Federal, que reza: "Todos os salários de contribuição considerados para o cálculo de benefício serão devidamente atualizados, na forma da lei".

REVISÃO DE CÁLCULO

Aplicar o IRSM em relação a benefícios que tinham o PBC de 36 meses durante esse lapso de tempo representou a necessidade do reexame de cálculo de todos eles. Em cada caso, com resultados inesperados para os segurados.

Tal desenvolvimento suscita questionamentos relacionados com a aplicação dos indexadores às prestações complementares, pois a moeda nacional teria sofrido modificações em sua essência financeira, podendo ser levantados alguns questionamentos.

FACTUM PRINCIPIS

Por sua natureza e extensão, algumas regras jurídicas às vezes designadas de normas de superdireito, têm alcance além de um determinado espaço jurídico que pretendem influenciar. Outras, mesmo não possuindo esse atributo, em virtude de sua universalidade acabam por afetar relações jurídicas não constantes da *mens legislatoris.*

Mais que isso, pontos de vista doutrinários e decisões do Poder Judiciário em relação a um segmento afetam outros segmentos. Muito do que os juslaboristas ajuízam em razão da contiguidade da matéria, vale para os jusprevidenciaristas.

VIGÊNCIA DA NORMA

No Direito Intertemporal é respeitável a validade da norma aplicável ao tempo dos fatos. Entretanto, se a norma considerada não tinha eficácia de nada serve referir-se a sua capacidade de produzir efeitos jurídicos.

ATO JURÍDICO PERFEITO

O ato jurídico perfeito é aquele que observa a lei. Se, mais tarde, a norma vigente ao tempo dos fatos, revelou-se incapaz de espelhar a realidade e ela foi corrigida, adequando-se à verdade, a prática anterior restou viciada por impropriedade de definição.

Logo, não foi protegida pelo ato jurídico perfeito. Caso, de alguma forma (normalmente isso sucede *a posteriori*), descubra-se que a pretensão não era um direito adequado e ele não atendia o que dispõe a lei ou um princípio jurídico, tal conclusão não pode ser aplicada sob a alegação do ato jurídico perfeito. O ato poderia ter sido jurídico, mas não era perfeito.

PREVIDÊNCIA COMPLEMENTAR

Decisões do TST afetam a previdência social porque o Direito do Trabalho influencia o Direito Previdenciário. Nesse sentido, o que os tribunais regionais e o STJ decidiram sobre o IRSM em relação ao período que vai de março de 1994 a fevereiro de 1997, obrigando a autarquia federal, aplicam-se às relações da previdência complementar.

Primeiro, porque o entendimento é universal, em si mesmo diz respeito à moeda. Segundo, devido à semelhança dos direitos protegidos. Terceiro, por conta do princípio da equidade.

Os aposentados do RGPS e os complementados dos fundos de pensão, a esse respeito e em face da lei, são todos iguais. Como foi adotado um indexador adequado para os aposentados da previdência básica, o princípio tem de ser convalidado para os complementados.

Capítulo 9
PROCEDIMENTOS ADMINISTRATIVOS

Embora anteriormente a 1997, o INSS já tomasse a iniciativa de auditar benefícios securitários, foi com a Lei n. 9.528/1997 que a autarquia federal sistematizou o procedimento administrativo de verificação da regularidade da concessão e da manutenção das prestações.

Trata-se, pois, de um dever vinculado do administrador, que a ele não pode se subtrair. Tal providência teve como pressuposto um número elevado de delitos cometidos contra a Administração Pública em termos de benefícios.

QUESTÕES VERNACULARES

O emprego dos vocábulos "fraude", "falsificação", "má-fé", largamente utilizados sem precisão técnica, de forma singela, suscitou a discussão do tema. Fraudar um documento é procedimento delituoso com características próprias relevantes no Direito Penal e no Direito Previdenciário. O INSS passou a empregar essa palavra, às vezes equiparando o suspeito ao autor do crime, em suas comunicações. Muitas vezes, consumando os pressupostos do dano moral.

POSIÇÃO DO STF

A possibilidade de revisão dos atos administrativos foi tratada na Súmula STF n. 473 que diz: "A Administração pode anular seus próprios atos, quando eivados de vícios que os tornam ilegais, porque deles não se originam direitos; ou revogá-los, por motivo de conveniência ou oportunidade, respeitados os direitos adquiridos, e ressalvada, em todos os casos, apreciação judicial".

DISTINÇÕES NECESSÁRIAS

Em vez do uso da locução "suspender benefícios" dever-se-ia falar em interromper o pagamento das mensalidades.

Uma prestação é legítima ou não; nesta última hipótese, ela deve ser cancelada.

Suspensão (parar de desembolsar as mensalidades de um benefício subsistente) não se confunde com o seu cancelamento (que é sua extinção). Prestação cancelada não se restabelece jamais; prestação suspensa tem condições de ter suas mensalidades retomadas.

PLANO DE CUSTEIO

O § 3º do art. 69 do PCSS autoriza o cancelamento do benefício após a apreciação da defesa ou por falta de resposta a notificação postal ou edital.

Realmente transitada em julgado a decisão administrativa, seria cabível a suspensão, aliás, adequada à falta de resposta do segurado.

FRAUDE PREVIDENCIÁRIA

A fraude previdenciária é uma falsificação de documento, declaração ou informação com vistas à instrução de um benefício. Frauda quem declara que trabalhou numa empresa e não o fez ou quem preenche uma CTPS ou FRE nas mesmas condições. E também aquele que apresenta uma guia de recolhimento falsa.

SUSPEITA E CERTEZA

A menção à suspeita, que não seria suficiente para suspender o pagamento de um benefício, obriga a distingui-la da certeza da ilicitude.

Suspeita é a descoberta de indícios sem o poder de convencimento total quanto à consumação do fato delituoso. A simples suspeita justifica tão somente uma investigação.

Certeza é convicção total, eliminação de qualquer dúvida sobre o fato estudado.

No comum dos casos a suspeita e a certeza são subjetivas.

Existem duas certezas: a) a subjetiva e b) a jurídica. Subjetivamente, qualquer pessoa formulará uma convicção própria sobre a ocorrência. Certeza jurídica é a que se presta para produzir efeitos jurídicos. A qualificadora da fraude previdenciária é a jurídica e esta somente sobrevém quando transitar em julgado a decisão do Poder Judiciário.

PRESENÇA DE INDÍCIOS

Quando o INSS tiver conhecimento de sinais indicativos de irregularidades, ele deve notificar o interessado "para apresentar defesa, provas ou documentos de que dispuser, no prazo de trinta dias" (PCSS, art. 69, § 1º).

Indícios são fatos reais que pressupõem a ocorrência de eventos suspeitos, sem que, ainda, se tenha convicção sobre eles (e convicção que há de ser buscada).

Usualmente a dúvida sobre a validade do direito ao benefício decorre da: I) falsidade material dos documentos; II) falsidade ideológica; III) capacidade laborativa ou higidez; IV) interpretação equivocada da lei; e V) erro material.

Capítulo 10

SUSPEITA DE FRAUDE

No Direito Previdenciário Procedimental um dos seus procedimentos mais delicados reporta-se as irregularidades na concessão dos benefícios. No comum dos casos, a impropriedade se deve a interpretação da norma sem que se possa falar em má intenção do requerente (até porque ele também pode estar equivocado na compreensão do fenômeno jurídico).

Ainda que tenha algum delito previsto no Código Penal, nestes casos quase sempre não ocorre a consumação.

Mas são mais intrigantes os que dizem respeito às fraudes constatadas pela autarquia federal.

Quando se cogita do tema considera-se a suspeita de fraude e não a fraude (consumada). E, é claro, saber se se trata de fraude ou não, pressupõe exaustiva investigação. Não se confundirá com quem apresenta um documento idôneo afirmando que o segurado foi empregado, se isso não é verdade, com a situação daquele que apresenta um documento inidôneo relativo a um tempo de serviço em que o segurado trabalhou, mas dele não tem provas.

INDÍCIO DE FRAUDE

Quase todas as manifestações que se referem à suspensão ou ao cancelamento dos benefícios aludem à expressão "suspeita de fraude", sem a explicitar com a necessária clareza. No que diz respeito ao espectro da legitimidade de procedimentos, é um conceito que se posicionaria no meio termo entre a regularidade e a fraude propriamente dita.

Perscrutando a documentação, geralmente integrante dos autos de um processo de benefício, o examinador põe dúvidas sobre a validade material ou ideológica de um documento (CTPS rasurada, título de eleitor ilegível, certificado de reservista preenchido a mão, declaração de terceiros, PPP, ficha registro de empregados, folha de pagamento, holerite, etc.).

Se alguém apresentar uma declaração que afirma ter trabalhado numa empresa sem ser veraz, a suspeita de falsidade estará presente.

Confirmado que a empresa nunca existiu, a dúvida se transformará em certeza.

Suspeita é indício, convicção não bastante para se chegar à conclusão da convicção, que mais tarde sobrevirá com outros meios de prova.

Como não é possível estabelecer-se uma descrição básica convincente e útil para todos os casos e sabendo-se que se trata de uma análise quase sempre subjetiva, suspeita de fraude é uma avaliação individual sujeita a reavaliação pelo autor ou terceira pessoa, relativa à validade da prova apresentada ao INSS, afirmada em cada caso, consoante às circunstâncias do momento.

SUSPEITA NA MANUTENÇÃO

Embora sempre se mencione a concessão, também podem ocorrer suspeitas durante a manutenção de um benefício legitimamente deferido, pois são prestações de trato sucessivo. Se alguém junta uma declaração falsificada, afirmando que o segurado está vivo, mas ele já faleceu, tem-se também uma suspeita dessa alegação que se submete ao juízo administrativo.

MOMENTO DA SUSPENSÃO

Sendo impossível a suspensão e muito menos o cancelamento de um benefício de plano, fica evidente que isso somente será viável quando se tiver plena convicção da irregularidade. Plenitude, que será a máxima, no caso do cancelamento.

SUSPENSÃO E CANCELAMENTO

Ainda uma vez, *ad nauseam*, convém deixar clara a distinção entre suspensão e cancelamento. A primeira providência, quando cabível, é provisória e a segunda, definitiva. Ou seja, na figura da suspensão cessa o pagamento das mensalidades, mas o benefício se mantém intacto; mais tarde, a princípio, as mensalidades são restauráveis. Quando a prestação é cancelada o benefício desaparece. Nesta última hipótese, no futuro, com novas provas, um outro benefício a ser considerado.

TEMPO PARA A VERIFICAÇÃO

Exceto na figura da fraude e má-fé, o INSS tem os mesmos dez anos dos segurados para promover a eventual verificação de irregularidades. Mas, saliente-se que, de antemão sem saber se houve ou não a fraude ou a má-fé, a qualquer tempo ele fará essa perquirição.

CULPA IN VIGILANDO

Existem situações em que durante a instrução do processo não era dado ao servidor deixar de perceber a existência de irregularidades. Noutros casos, após apuração interna estar-se-ia diante do conluio do servidor. Instaura-se a *culpa in vigilando* com suas consequências administrativas, civis e penais. Apurada a responsabilidade, devem ser tomadas as medidas legais.

BENEFÍCIO PROPORCIONAL

Na hipótese de um segurado ter sido aposentado com 35 ou mais anos de serviço e que dois ou três anos desse período estejam sendo impugnados, é destituído de sentido suspender o pagamento das mensalidades de um benefício proporcional, convindo que se desembolse o correspondente ao percentual do salário de benefício incontestável durante a investigação da validade do período rejeitado.

Por ora abstraindo as medidas coercitivas cabíveis e o fator previdenciário (responsável pelo valor do benefício), se alguém tem 38 anos de serviço e três deles não foram acolhidos, o pagamento da integralidade da renda mensal inicial deve prosseguir.

DEVOLUÇÃO DO INDEVIDO

Não há consenso na doutrina, mas certa prevalência na Justiça Federal de que as mensalidades indevidas não devam ser restituídas. Fora da interpretação extremamente favorável ao segurado, não há como deixar de exigir o que foi quitado indevidamente, ainda que parceladamente, máxime se a culpa é do segurado. Não cobrar do devedor é quase que o mesmo que assegurar o direito a quem não o tem.

ORIENTAÇÃO DO TITULAR

O titular do direito sempre deve ser orientado sobre os seus direitos; algumas vezes, ele irá atrás de outros meios de prova que substituam as existentes postas em dúvida, enquanto discute a impugnação. Principalmente no que diz respeito a solicitar novamente outro benefício, assim que preenchidos os requisitos legais. Reincidência *in casu* é tema penal e não previdenciário.

DEVIDO PROCESSO LEGAL

Todos os postulados do devido processo legal, evidentemente, devem ser observados, em particular os que sustentam o contraditório e a ampla defesa.

Corretamente notificada, a pessoa tem o direito de ingressar com Recurso Ordinário dirigida ao próprio INSS.

EFEITO SUSPENSIVO

Uma vez suspenso o benefício as mensalidades deixam de ser pagas até que a pendência seja resolvida. A legislação deveria distinguir as hipóteses que, em face da natureza elementar de certas prestações e situações. Talvez o interessado devesse ingressar com mandado de segurança para que durante a discussão do mérito continuem sendo pagas as mensalidades.

CONSEQUÊNCIAS PENAIS

À evidência, em certas circunstâncias, será possível se deparar com alguns dos crimes elencados na Lei n. 9.983/2000, impondo-se a comunicação formal ao Ministério Público, para que os examine.

REGRAS DE INTERPRETAÇÃO

A interpretação desta matéria é restritiva; não é possível atribuir-se culpa ao segurado quando de verdadeira dúvida. O direito previdenciário a um benefício de quem ainda não se aposentou e está trabalhando difere daquele aposentado, afastado do trabalho, que tem na prestação sua única fonte de manutenção.

POSSIBILIDADE DE REVISÃO

Dentro do prazo legal o órgão gestor pode rever a concessão, a renda mensal inicial do deferimento ou os aspectos do benefício durante sua manutenção. Pressuposto lógico e jurídico quando existam fundadas razões para isso.

CONTESTAÇÃO DO BENEFICIÁRIO

Decidido que existe a suspeita de fraude, o interessado tem de tomar conhecimento dessa decisão e ser notificado por escrito. De preferência notícia enviada com Aviso de Recebimento (AR).

Dessa decisão caberá Recurso Ordinário à Junta de Recursos. O prazo para o beneficiário reclamar dessa decisão é de 30 dias.

Com preferência sobre outros processos, a Junta de Recursos apreciará as razões dos beneficiários e decidirá sobre os argumentos e provas apresentadas.

Da decisão da JRPS caberá a interposição de irresignação à CAj do CRPS, mediante o Recurso Especial.

Todos os meios de prova são admitidos, valendo invocarem-se as regras do Direito Previdenciário Procedimental.

RESTAURAÇÃO DOS PAGAMENTOS

Concluindo-se que não havia qualquer irregularidade, as mensalidades devem ser reencetadas, pagando-se os atrasados com correção monetária.

DANO MORAL

Em cada caso é preciso verificar com muito cuidado se não estão presentes os pressupostos dos danos moral e material. Quando a decisão de restabelecer o pagamento não dependeu de nenhuma providência material do segurado, a proximidade de um prejuízo é grande.

RECURSO OFICIAL

Sobrevindo suspensão no pagamento das mensalidades sem que tenha havido previamente o devido processo legal, cuja essência é uma verificação equilibrada e com ampla defesa e observância do contraditório, se tal situação foi examinada pela Justiça Federal que deu ganho de causa ao segurado não deve haver recurso por parte da administração. Nos demais casos, o duplo grau de jurisdição permanece.

O fato de ficar sem recorrer, não subtrai do órgão gestor de, se ainda não promoveu, iniciar as investigações, apurações e verificações devidas até concluir pela irregularidade suspeitada ou legitimidade da situação.

Atendido o devido processo legal, se novamente a Justiça Federal se posicionar contra as conclusões da sindicância, e havendo razões para isso, o recurso tem cabimento. Mas, saliente-se, a sentença anterior teria examinado as dúvidas jacentes do INSS.

Capítulo 11

CANCELAMENTO DE APOSENTADORIA

O cancelamento de benefícios é matéria árida no Direito Previdenciário, máxime em se tratando de servidor. O ato de constituição de uma prestação pode ser desfeito e com isso anulado o deferimento. Haverá uma desconstituição da concessão inicial, que não era perfeita ou não estava aperfeiçoada.

CAPACIDADE DE REVISÃO

O Poder Executivo desfruta o poder de rever os seus atos e de cancelar uma aposentadoria despachada. Mas para isso tem prazo decadencial (cuja data do início é discutível). À evidência, só o fará se dispuser de motivos fundados para isso, os quais integrarão a exposição da decisão final.

POSIÇÃO DO STF

O STF diz: "A Administração Pública pode declarar a nulidade dos seus próprios atos". Rigorosamente pode e deve, principalmente quando eivados de nulidade (Súmula n. 346).

PRAZO PARA A ANULAÇÃO

Tratando-se de servidor, há termo para essa providência, que é a da aprovação da rejeição do ato administrativo pelo Tribunal de Contas.

Caso isso aconteça, o cancelamento se mantém, mas os efeitos jurídicos dependem da decisão daquele tribunal.

Quando tal fato se der, ele somente produzirá efeitos a partir da data dessa apreciação. Enquanto isso, o servidor continuará recebendo os seus vencimentos.

LEI N. 9.784/1999

A polêmica instalada e a ser desfeita pelo STJ, diz respeito à data do início do prazo de cinco anos fixado pela Lei n. 9.784/1999, que reza: "O direito da Administração de anular os atos administrativos de que decorram efeitos favoráveis para os destinatários decai em cinco anos, contados da data em que foram praticados, salvo comprovada má-fé" (art. 54).

DATA DO INÍCIO

A questão não prescinde do deslinde da determinação do momento em se aperfeiçoar o ato da aposentação: a) se é por ocasião da publicação da portaria no DOU por parte da Administração Pública ou b) se é quando da Portaria do TCU registrando ato jurídico praticado.

PENSAMENTO DO STJ

Para o Min. Jorge Mussi, da 5ª Turma do STJ: "A aposentadoria de servidor público não é ato complexo, pois não se conjugam as vontades da Administração e do Tribunal de Contas para concedê-la. São atos distintos e praticados no manejo de competências igualmente diversas, na medida em que a primeira concede e o segundo controla sua legalidade" (STJ discute prazo para anulação de aposentadoria de servidores públicos. In: *IDAAP*, Brasília, edição n. 13, de fev./2010. p. 1/2).

PUBLICAÇÃO NO DOU

Entretanto, diferentemente do que sucede com o deferimento de benefícios por parte do RGPS (que é examinado internamente pela Corregedoria Regional) a portaria inicial somente aperfeiçoa-se quando o TCU a homologa; logo, o prazo de cinco anos deve ser contado da publicação dessa homologação no DOU.

CARTA MAGNA

O art. 71, III, da CF, diz que cabe ao TCU "apreciar, para fins de registro, a legalidade" ... "de aposentadorias, reformas e pensões, ressalvadas as melhorias posteriores que não alterem o fundamento legal do ato concessório".

Ainda que não tenha o poder de desconstituir um benefício indevido, a ilegalidade deve ser registrada e comunicada ao órgão gestor que, se for o caso, a cancelará.

PODER JUDICIÁRIO

Resta evidente, também, que a legitimidade da concessão, da rejeição pelo Tribunal de Contas e até mesmo uma tentativa do desfazimento por parte do Poder Executivo, ficam submetidas à apreciação do Poder Judiciário. Liminar concedida sustará a aplicação dos mencionados efeitos.

DIREITO AO BENEFÍCIO

Assim que a aposentadoria deixou de ser prêmio pela dedicação ao Estado e que com a contribuição obrigatória para esse fim se tornou direito subjetivo, se o servidor completou os requisitos antes de praticar o ato que demande sua demissão, esse afastamento do serviço público acontecerá com os seus desdobramentos administrativos e penais, mas mantido o direito ao benefício previdenciário.

CANCELAMENTO DA APOSENTADORIA

Descobrindo-se que o servidor aposentado, quando estava no exercício do cargo havia praticado um delito que implicasse em demissão, fora da hipótese do direito adquirido, antes examinada, ele deverá ser readmitido e se submeter a um processo administrativo. Comprovada a ilicitude, a aposentadoria será desconstituída, mas ele jamais perderá o tempo de serviço, que poderá ser aproveitado em outro RPPS ou no RGPS.

Pode-se cancelar a concessão de um benefício, mas não o tempo de serviço regular prestado até a data do delito.

ESTATUTO DO SERVIDOR

Para o art. 114 da Lei n. 8.112/1990: "A administração deverá rever seus atos, *a qualquer tempo*, quando eivados de ilegalidade" (grifos nossos), mas esse dispositivo possivelmente foi derrogado pelo art. 54 da Lei n. 9.784/1999.

Capítulo 12

PODER DE REVISÃO DA ADMINISTRAÇÃO

Já vimos: a Administração Pública pode declarar a nulidade dos seus próprios atos.

Este talvez seja o mais sintético enunciado do Direito Administrativo. A despeito de sua obviedade, é uma das mais importantes dicções, na medida em que afirma uma realidade jurídica nem sempre bem compreendida.

Com certeza quis dizer os próprios atos e não os atos próprios praticados (por pessoa competente e de acordo com a lei vigente); estes últimos jamais serão revistos, exceto por vontade válida do interessado.

A complexidade do mundo moderno, a infinidade de situações fáticas, as disposições jurídicas e outros elementos do dia a dia do aplicador da norma conduzem a enorme possibilidade de ocorrência de equívocos de toda ordem.

AUTORIDADE COMPETENTE

De regra, a autoridade que praticou o ato a ser desfeito, é habilitada para desfazê-lo. Se uma Agência da Previdência Social equivocou-se, ela é quem reverá o engano. Mas, frequentemente, a autoridade imediatamente superior costuma tomar essa providência. Eventualmente, apurando responsabilidades pessoais de quem deu causa ao equívoco.

AÇÃO DA ANULAÇÃO

Quando se fala em declarar a anulação, está-se dizendo que a Administração Pública desfruta o poder de anular; não só de declarar. A declaração é apenas o instrumento da desconstituição de algum ato praticado indevidamente.

Diz a Lei n. 9.784/1999: "A Administração deve anular seus próprios atos, quando eivados de vício de legalidade, e pode revogá-los por motivo de conveniência ou oportunidade, respeitados os direitos adquiridos" (art. 53).

Não há opção: o dever é vinculado. A oportunidade quer dizer o momento, ou seja, o mais rápido possível. A conveniência não é a do administrador, mas da administração, tomada essa delegação no sentido de não ser conveniente o erro do Estado; e nada mais do que isso.

FUNDAMENTAÇÃO LEGAL

Um ato até então entendido como perfeito só será anulado se subsistente, precisa e objetiva justificativa real para isso. Quem anula carece indicar o fundamento de sua decisão com a mesma preocupação, ou maior, daquele que praticou o ato inadequado.

A Lei n. 9.784/1999 arrola oito hipóteses relativas à motivação que devem ser indicadas no texto da revisão.

ATOS REVISTOS

Abstraindo a decadência e a prescrição, a maioria dos atos padece de revisão, menos aqueles protegidos pelo instituto da coisa julgada e do direito adquirido. Não tem sentido falar em revisão do ato jurídico perfeito, exceto a favor do titular do direito, como é o caso da desaposentação.

Em disposição possivelmente inconstitucional, diz o PCSS: "O Instituto Nacional do Seguro Social — INSS deverá rever os benefícios, inclusive os concedidos por acidente do trabalho, ainda que concedidos judicialmente, para avaliar a persistência, atenuação ou agravamento da incapacidade para o trabalho alegada como causa para a sua concessão. *Parágrafo único.* Será cabível a concessão de liminar nas ações rescisórias e revisional, para suspender a execução do julgado rescindendo ou revisando, em caso de fraude ou erro material comprovado" (art. 71).

Concedido um benefício por incapacidade equivocadamente dentro do prazo legal de dez anos o beneficiário pode ser reexaminado, mas se a conclusão derivar de sentença judicial transitada em julgado e da qual não caiba ação rescisória, o erro será mantido em respeito à segurança jurídica oferecida pelo art. 5º, XXXVI, da CF.

EFEITOS SUPERVENIENTES

Se o INSS revê o ato de concessão de um benefício em manutenção há algum tempo, tal decisão causará consectários para o beneficiário. Quando o requerente não deu causa para a anulação e o desfazimento do deferimento deveu-se a erro material ou jurídico praticado pela autarquia, certamente sobrevirão consequências na órbita previdenciária e fora dela (mudanças na vida do segurado, afastamento do trabalho, assunção de compromissos, empréstimos consignados, etc.).

REVISÃO DA ANULAÇÃO

Embora seja possivelmente rara a hipótese, até porque o processo de anulação é cercado de mais cuidados que o do ato revisto, a busca da verdade material administrativa exige que a anulação seja revista, se ela por sua vez, for imprópria.

Tecnicamente, nada impede a revisão de revisão, restabelecendo-se o *status quo ante* se a ele corresponder à realidade jurídica.

Supondo-se que a revisão operada contrarie o direito que julga deter, se desejar o interessado opor-se-á a anulação recorrendo dessa decisão.

DANO MORAL

Caso a anulação de um ato tenha causado dano ou prejuízo ao interessado ele poderá pensar nos danos moral e patrimonial. Da mesma forma, se condenada, a Administração Pública tem o poder de tentar recuperar o montante da condenação, demonstrando a culpa do servidor que deu causa ao processo de indenização.

MEDIDAS ADMINISTRATIVAS

A partir de 1996, o PCSS passou a dispor amplamente sobre o direito do INSS de revisar, criando um programa permanente de revisão da concessão e manutenção dos benefícios, que, aliás, deveria fazer parte do PBPS.

PRAZO REVISIONAL

O INSS tem prazo de dez anos para rever os seus atos concessórios a favor dos beneficiários. De acordo com o art. 103-A do PBPS, na redação dada pela Lei n.

10.839/2004, constatada irregularidade no ato praticado pelo INSS, ele tem dez anos de prazo para rever o ato. A Lei n. 9.784/1999 fala em cinco anos, mas foi revogado por essa lei de 2004, que é especial e posterior.

No seu texto está implícito que se houve má-fé, que não define, não há prazo para a revisão.

APTIDÃO ADQUIRIDA POSTERIORMENTE

Quando se trata de benefício de pagamento continuado, caso do auxílio-acidente, não há previsão na legislação de revisão da concessão se o trabalhador se recupera por inteiro e depois do deferimento do benefício, se torna apto.

Capítulo 13

REVISÃO DOS ATOS PRATICADOS

Aexistência de dispositivos legais e de entendimentos generalizados sobre a capacidade de reapreciação por parte de quem praticou um ato não consegue empanar a reedição das afirmações.

Vinculado à norma legal e sujeito aos vários princípios de Direito Administrativo, ainda que não existissem os aludidos comandos jurídicos, aos órgãos gestores da previdência social não resta outra solução que não seja o desfazimento de atos praticados se foram incorretos.

Tendo em vista o compromisso com a coletividade dos participantes, tal raciocínio vale para o segmento complementar.

NECESSIDADE DE DIVULGAÇÃO

Sua ampla divulgação se deve à fortaleza jurídica dos atos internos, sob a presunção de validade, sua importância e efeitos múltiplos, mas principalmente porque o direito tem preocupação centrada na tranquilidade jurídica das relações.

Rigorosamente, diante do pressuposto lógico do reexame, o que existe é um poder-dever da Administração Pública: ela pode e deve.

TERMO DECADENCIAL

Prestando homenagem à segurança jurídica, exceto no que diz respeito à má-fé (de difícil definição), esse poder é limitado a certo prazo, geralmente fixado em cinco anos (Lei n. 9.784/1999).

Tanto quanto sucede com as decisões equivocadas que transitaram em julgado, passados esses 60 meses, os erros cometidos pela administração jazem sepultados pela decadência, contra ou a favor dos interessados.

ANULAÇÃO DOS ATOS

Os atos ora considerados são os de concessão e manutenção de benefícios previdenciários (sem embargo de se estender aos outros ramos jurídicos).

No comum dos casos são referentes ao direito aos benefícios, mas usualmente estão relacionados com os elementos mínimos do direito (tempo de serviço e de contribuição, idade mínima, período de carência, base de cálculo dos proventos e das aposentadorias, valor integrante dos salários de contribuição, etc.).

Diante da dinamicidade das relações e da enorme quantidade de informações que permeiam o Direito Previdenciário é possível que o prazo deva ser considerado exíguo. Como vale para os dois polos da relação, tendo em vista que os processos de conhecimento demoram mais de cinco anos, às vezes um segurado toma ciência do seu direito depois de exaurido o termo legal.

PRESSUPOSTOS LÓGICOS

A possibilidade de reconsideração de um ato administrativo dessa natureza se apoia num pressuposto a ser observado em todos os casos: ela somente se opera caso estejam claramente presentes as razões que a justificam, resumida na constatação na ilegalidade do deferimento.

Praticado um ato jurídico perfeito, contra a vontade do cidadão ele não pode ser revisto em tempo algum.

Se não existem pretensões e se a constituição do ato se operou *contra legem*, não existe direito simples nem direito adquirido que não seja calcado no ato jurídico perfeito.

REVOGAÇÃO DE ATOS

A utilização da expressão "revogação" ainda uma vez causa dúvidas exegéticas. Geralmente quer dizer o direito de mudanças, ou seja, respeitado o direito adquirido a Administração poder alterar disposições anteriores. Refere-se mais à legislação do que às decisões administrativas.

DIREITO ADQUIRIDO

Como não existe direito adquirido configurado na ausência do próprio direito simples (preenchimento dos requisitos legais), o texto reafirma que somente o bom direito será respeitado.

APRECIAÇÃO JUDICIAL

Por último, reeditando outra obviedade afirma-se um princípio constitucional: a apreciação do Poder Judiciário. Resta à Justiça Federal dizer se a concessão fora regular, legal e legítima ou não.

Capítulo 14
PRESCRIÇÃO DE MENSALIDADES

No Direito Previdenciário tem-se uma regra de ouro: o fundo do direito é imprescritível, mas podem prescrever certas mensalidades.

TRATO SUCESSIVO

Uma definição do destino das mensalidades anteriores aos 60 meses não perecidos ainda gera inconformidades.

Os benefícios da previdência social didaticamente são divididos em dois grupos: a) de pagamento único e b) de pagamento continuado (chamado de trato sucessivo).

As prestações de pagamento único (auxílio-natalidade, auxílio-funeral, pecúlios acidentários, etc.) desapareceram do ordenamento jurídico, restando apenas o pecúlio de quem voltou ao trabalho, e que está em extinção. Desembolsos de mensalidades atrasadas, ainda que quitadas de uma só vez, não são consideradas de pagamento único.

As demais prestações do RGPS são de trato sucessivo, de curta, previamente fixada, ou longa duração.

Os principais benefícios considerados são: auxílio-doença, aposentadoria por invalidez, auxílio-acidente, aposentadoria por idade, aposentadoria especial e aposentadoria por tempo de contribuição.

PRESTAÇÕES VENCIDAS

Prestações vencidas dizem respeito a um período que vai até a data-base (propositura da ação). Quer dizer, as mensalidades mensuradas desde a DER ou da DER do pedido de revisão até a data da propositura da ação.

CINCO ANOS

Quando são mencionados os cinco anos seria recomendável que se tivesse qualificado esse lustro; existem hipóteses em que esse termo não chega aos cinco anos.

PEDIDO ADMINISTRATIVO

Frequentemente a pretensão de um benefício de pagamento continuado é expressa administrativamente mediante uma solicitação, a qual apresenta uma Data de Entrada do Requerimento (DER). Negado o pedido, a impugnação tramita pelo contencioso administrativo, exaurindo-se no CRPS. Ali terá uma Data da Impugnação da Negativa (DIN).

Esgotada a via administrativa, resta ao beneficiário buscar o Poder Judiciário e, então, tem-se um novo momento a ser considerado: data da petição inicial.

Os cinco anos não devem ser contados da data da propositura, mas do primeiro momento em que o segurado demonstrou a inconformidade.

EXEMPLO DO CÁLCULO

Suponha-se que um segurado com uma DIB em 1º.1.2001, tenha protocolado na Justiça Federal em 1°.1.2010 um pedido de revisão de cálculo para melhorar a renda mensal do seu benefício. Obtido ganho de causa, a nova mensalidade será paga a partir da sentença, desembolsando o INSS atrasados relativos ao período que vai até 1º.1.2006. No caso, aplica-se o *dormientibus nun sucurrit jus* para o período de 1º.1.2001 a 31.12.2005.

Convindo não confundir esse cenário com o daquele que pediu o benefício, não estava recebendo quaisquer mensalidades, e só o auferiu oito anos depois. Fará jus a 96 mensalidades, sem qualquer prescrição.

PRESCRIÇÃO DO BENEFÍCIO

De regra os benefícios de pagamento continuado não prescrevem, determinando tão somente algumas de suas mensalidades (aquelas vitimadas pelo *dormientibus nun sucurrit jus*).

Se alguém solicitou uma aposentadoria sete anos depois de ter completado o direito e até sete depois de ter deixado a atividade, receberá as mensalidades a partir da DER, sem auferir os 84 meses anteriores.

Mas se esse alguém já teve o benefício concedido e pediu uma revisão de cálculo (dentro do decênio legal contado da DIB) receberá os 60 meses anteriores à data da revisão e daí para frente. Portanto, perdendo apenas dois anos (24 meses dos 84 meses).

No caso do benefício de pagamento único, cujo exemplo é o pecúlio, o direito ao benefício prescreve em cinco anos. Vencidos esses 60 meses o direito decai.

No caso do pecúlio, se o prazo fosse ampliado para sete anos, somente entraria em vigor 24 meses depois dos 60 meses usuais.

Ao contrário, se for reduzido para três anos, tal regra somente produzirá efeito após esgotarem-se os cinco anos da norma anterior.

Capítulo 15
REAJUSTAMENTO DAS MENSALIDADES

A Súmula TFR n. 260 maculou a imagem do Poder Judiciário Federal, com o equívoco cometido nessa condensação de jurisprudência.

Com todos os enganos exegéticos, embora na melhor das hipóteses devesse viger por apenas sete dias (*sic*), continuou produzindo confusão no meio jurídico por mais de 20 anos e até hoje (2011) se veem decisões da Justiça Federal mantendo ou negando-lhe eficácia.

Aqueles que se aposentaram depois que o INSS, *ex vi legis* ou decisão judicial corrigiu os 12 últimos salários de contribuição e tiveram o índice integral ficaram em vantagem indevida em relação aos anteriores aposentados.

São erros de linguística (1), matemática financeira (2) e previdência social (3). Sem embargo, prosperou e gerou súmulas dos tribunais federais regionais.

Ela confundiu problemas reais do período básico de cálculo, que outros julgados corrigiram, com os índices de reajustamentos. Muitos aposentados acabaram por ter a atualização dos últimos 12 anos (que era perfeitamente sustentável) — principal alegação da Súmula — e também um primeiro reajustamento integral, num verdadeiro *bis in idem*.

QUESTÕES SEMÂNTICAS

A redação dessa Súmula é precária e dela caberiam embargos declaratórios.

Primeiro, pedem-se explicações para a palavra "aumento", que ela traz, quando na verdade queria dizer reajustamento. Porém, ao assim decidir, acabou garantindo uma verdadeira majoração para esses segurados. Quem obtém aumentos, isto é, crescimento real em termos de moeda, é o salário mínimo da política salarial do Governo Federal dos anos 2003/2010.

Segundo, o que significam esses "nos reajustamentos subsequentes, o salário mínimo então atualizado"? Aparentemente, quer dizer que o índice de majoração do salário mínimo deve ser aplicado aos benefícios, mas se for isso, desde 1988 entrou em choque com a Constituição Federal. No Direito Previdenciário, aumento é crescimento real e reajuste ou reajustamento é apenas atualização da moeda em face da inflação.

SIGNIFICADO TÉCNICO

A súmula infere que se um segurado teve um benefício concedido no último mês do intervalo entre os dois reajustamentos (também chamados de datas-base), logo, um mês antes da mudança periódica relativa aos valores mensais (usualmente era o mês de abril), o índice "cheio" a ser aplicado deveria ser o mesmo de quem se aposentou no primeiro mês do referido período, 11 meses atrás, ou seja, em maio. Visivelmente, os dois não são iguais por conta dos diferentes períodos básicos de cálculo; um deles pode ter tido reajustamento de salário e não o outro.

Com isso, o segurado que contribuiu até abril do ano subsequente e teve os aumentos da política salarial vigente à época, portanto, com um salário de contribuição relativamente atualizado em face da inflação e com uma soma dos salários de contribuição maior, repete-se, mesmo sem a atualização dos últimos de 12 salários de contribuição, teve ainda um reajustamento "cheio", superando aquele que contribuiu até abril do ano seguinte e se aposentou em maio.

Logicamente não é possível fazer os iguais ficarem desiguais. Matematicamente, dando mais do que devia, para sempre a desigualdade se instalará.

Marina Vasques Duarte lembra que a renda mínima "já era calculada com valor defasado, já que não eram corrigidos os últimos 12 salários de contribuição" e acresce que a Súmula "determinava, na primeira parte, que quando do primeiro reajuste fosse aplicado o índice integral da política salarial — independente do mês de concessão do benefício — e não o proporcional" (*Direto previdenciário.* 4. ed. Porto Alegre: Verbo Divino, 2005. p. 101).

Tal fato era verdadeiro, mas se poderia corrigir essa disposição legal em outro momento, depois da aposentação.

EXEMPLO PRÁTICO

Partindo de números hipotéticos simplificadores da exposição, para torná-la inteligível consideremos uma inflação acumulada anual de 60%. Que a inflação de maio de 1999 até abril de 2000 tenha sido de 60% e, logo, o reajustamento usual dos benefícios seria em maio de 2000, de 60%, na tentativa de restabelecer o poder aquisitivo da moeda.

Um aposentado há tempos, que recebia R$ 1.000,00 até abril de 2000, passou a receber R$ 1.600,00 (índice cheio) a partir de maio de 2000, porque ele ficou 12 meses em manutenção sem reajustamento.

Quem se aposentou em abril de 2000, com os salários de contribuição não atualizados em face da inflação, também teve os mesmos 60%.

EQUÍVOCO GENERALIZADO

Diante dos índices de inflação da época, que obrigou a CF de 1988 a dispor em vários momentos sobre a perda do poder aquisitivo da moeda, os tribunais resolveram compensar tais perdas previdenciárias de modo geral (às vezes, diminuídas pelos reajustamentos salariais), pelo fato de não haver reajustamento dos salários de contribuição dos últimos 12 meses.

Ora, são questões distintas e que matematicamente dão soluções diferenciadas.

O que os tribunais deveriam promover era o reajustamento proporcional depois de mandar corrigir aqueles 12 salários de contribuição e a renda mensal inicial. De sorte que foram cometidos dois erros: aplicar solução de benefício durante o seu cálculo devido à falha de atualização monetária e aplicar esse critério quando a falha não mais existia.

DIVISÃO DA SÚMULA

Aquela súmula diz duas coisas: a) que todos têm direito ao índice cheio do período entre as duas datas-base e b) que o salário mínimo deve ser adotado como indexador, depois do primeiro reajustamento.

Tanto quanto a primeira parte, a segunda contrariou a Carta Magna sete dias antes da publicação (29.9.1988), mas prestou-se para milhares de ações na Justiça Federal pretendendo esse direito.

Bruno Mattos e Silva a teve como "erro crasso e uma violação frontal a diversos dispositivos legais que estabeleciam especificamente quais deveriam ser os índices de reajuste dos benefícios previdenciários, tais como o art. 25 da CLPS/1984 e arts. 2º e 5º da Lei n. 7.604/1987, supratranscritas" (O alcance da Súmula n. 260 do TFR. In: *Clube Jurídico*, em 27.6.2007).

VIGÊNCIA DO ENTENDIMENTO

Uma vez que a lei básica mandou corrigir os últimos 12 salários de contribuição, a despeito de várias súmulas dos tribunais regionais disporem em contrário, descabidamente, a súmula continuou a ser aplicada por muito tempo. Se ela foi justa antes de 1988 e, em cada caso pode não ter sido, depois de 5.10.1988, ela se reduziu a um absurdo de ordem matemática e previdenciária.

Com a disciplina da correção monetária no Brasil em 1964, nasceu uma tormentosa questão técnica: como restabelecer o poder aquisitivo da moeda em face da inflação. Sendo certo que aumento não tem muito a ver com reajustamento, a lei tentou oferecer parâmetros jurídicos para se obter a atualização dos valores pecuniários em decorrência do processo inflacionário que o País enfrentava.

Aparentemente bastaria encontrar um indexador matemático e financeiro adequado à hipótese que se ajustasse ao princípio constitucional estabelecido em 5.10.1988: a correção deveria restabelecer o poder de compra da moeda na DIB e em caráter permanente.

O princípio constitucional básico comparece no art. 201, § 4º, da Carta Magna com a redação dada pela EC n. 20/1998: "É assegurado o reajustamento dos benefícios para preservar-lhes, em caráter permanente, o valor real, conforme critérios definidos em lei". Ele se espraiou para o texto constitucional em diversas oportunidades (CF, arts. 40, §§ 8º, 17 e 201, § 3º).

Com um pressuposto econômico (erosão da moeda), repare-se que são ofertados os seguintes elementos: a) há direito subjetivo ao reajustamento; b) a providência será permanente e não episódica; c) visará a alcançar o valor real e não o nominal; e d) a definição do critério é legal.

O Estatuto do Idoso dizia: "Os valores dos benefícios em manutenção serão reajustados na mesma data de reajuste do salário mínimo, *pro rata*, de acordo com suas respectivas datas de início ou do seu último reajustamento, com base em percentual definido em regulamento, observados os critérios estabelecidos pela Lei n. 8.213, de 24 de julho de 1991" (art. 29, parágrafo único).

Depois de marchas e contramarchas, a norma legal vigente diz: "O valor dos benefícios em manutenção será reajustado, anualmente, na mesma data do reajuste do salário mínimo, *pro rata*, de acordo com suas respectivas datas de início ou do último reajustamento, com base no Índice Nacional de Preços ao Consumidor — INPC, apurado pela Fundação Instituto Brasileiro de Geografia e Estatística — IBGE" (PBPS, art. 41-A).

Sua redação anterior era praticamente a mesma (*caput* e incisos I/III), acrescendo-se o inciso IV, com a seguinte redação: "variação de preços de produtos necessários e relevantes para a aferição da manutenção do valor de compra dos benefícios" (redação da Medida Provisória n. 2.107-13/2001). Quer dizer, além de mencionar o INPC (inciso II), na norma aclarava como obtê-lo.

Abstraindo o equívoco vernacular de referir-se a "proventos", que é a renda mensal do servidor jubilado, singelamente a Súmula acolhe o princípio da reserva legal. Querendo que o reajustamento dos benefícios seja um critério legal e não o constitucional ou regulamentar, acabará sendo o constitucional, pois o objetivo é o mesmo: resguardar o poder aquisitivo do montante dos benefícios. Elegeu a lei como a suprema norma desses reajustamentos; logo, o Congresso Nacional terá sempre a última palavra.

Tendo em vista o extraordinário poder legiferante do MPS, a Súmula não quer que normas administrativas, quaisquer que sejam elas, prevaleçam nessa matéria.

PERIODICIDADE DA ATUALIZAÇÃO

O art. 41-A fala em anualidade e na mesma época do salário mínimo (em 2010 foi em janeiro), obrigando a interpretação já que este último não tem sido reajustado a cada 12 meses, mas deverá ser assim que o mês de janeiro for a data-base. Politicamente não fica bem aumentar o salário mínimo e não proporcionar o reajustamento dos que ganham acima desse montante.

INTEGRALIDADE DO PERCENTUAL

Quem teve o benefício concedido antes da data-base anterior obterá a totalidade do percentual da variação do INPC.

PROPORCIONALIDADE DOS MESES

Diferentemente da súmula, será proporcional aos meses da data da concessão do benefício.

CRITÉRIO ATUAL

O critério atual é a variação integral do INPC. Sem que necessariamente aumentem os seus rendimentos, as pessoas estão consumindo itens mais do que no passado, inflacionando os seus meios de subsistência.

DIVULGAÇÃO DOS ÍNDICES

Embora silencie a respeito, a divulgação será promovida pelo MPS, normalmente por portaria.

REGRA BÁSICA DOS REAJUSTAMENTOS

Até ser revogado, o PBPS dizia: "Os valores dos benefícios em manutenção serão reajustados, de acordo com suas respectivas datas de início, com base na variação integral do INPC, calculada pelo IBGE, nas mesmas épocas em que o salário mínimo for alterado, pelo índice da cesta básica ou substituto eventual" (art. 41, II).

Essa era a regra-mater do reajustamento dos benefícios, desdobradas em três afirmações: a) atualização proporcional à data do início; b) reajuste pela variação integral do INPC; e c) época da alteração do salário mínimo.

As disposições sobre o reajustamento dos benefícios sofreram várias alterações históricas. Até que fosse alterado pela Lei n. 11.430/2006, o *caput* do art. 41 regulava esses reajustamentos.

Ele foi revogado e substituído pelo atual art. 41-A do PBPS: "O valor dos benefícios em manutenção será reajustado, anualmente, na mesma data do reajuste do salário mínimo, *pro rata*, de acordo com suas respectivas datas de início ou do último reajustamento, com base no Índice Nacional de Preços ao Consumidor — INPC, apurado pela Fundação Instituto Brasileiro de Geografia e Estatística — IBGE".

Tem-se, pois, três regras fundamentais; a) proporcionalidade do primeiro reajustamento; b) variação do INPC; e c) vínculo com o salário mínimo.

PRIMEIRO REAJUSTAMENTO

Os benefícios com DIB iniciados no primeiro mês da data-base terão a variação integral do INPC e também aqueles dos segurados já aposentados (regra geral).

Quem se aposentou no último mês da data-base terá um reajustamento correspondente ao INPC desse mês e a partir daí submete-se à regra geral.

O aposentado durante os meses do ano, da mesma forma, conforme a inflação desse mês até o final da data-base.

REGRA GERAL

A regra geral é a variação integral do INPC, que é uma norma mínima, e por isso, em 2010, além da variação do INPC os aposentados e pensionistas tiveram aumento (um ganho real).

MOMENTO DO REAJUSTE

Por último, a data desse reajustamento anual será o do mês da alteração do salário mínimo, que em 2010 foi no dia 1º.1.2010.

Capítulo 16
SUSPENSÃO DOS PAGAMENTOS

A suspensão de benefícios é tema intrigante; a despeito das suas extraordinárias consequências ela é parcamente disciplinada na norma jurídica.

Rigorosamente inexiste suspensão de benefício e, sim, sustação das mensalidades de um benefício. Cassação, desconstituição ou cancelamento, mas somente dos benefícios.

Não se pode falar em efeitos permanentes para a suspensão; na verdade, isso só acontece com o cancelamento do benefício.

MANDADO DE SEGURANÇA

Um prazo de 120 dias do mandado de segurança para contestá-la, que visa um efeito imediato em face de uma prestação possivelmente alimentar, desde já fique claro, é muito curto. Muitíssimas vezes, quando o percipiente do benefício se dá conta por inteiro da ação da Auditoria Regional do INSS, já se passaram os quatro meses, exíguo termo que se conta da data em que ele tomou formal conhecimento do ato administrativo.

Parece justo lembrar a Súmula TFR n. 160: "A suspeita de fraude na concessão de benefício previdenciário, não enseja, de plano, a sua suspensão ou cancelamento, mas dependerá de apuração em procedimento administrativo".

Atendida esta última disposição, tramitando os autos pelas várias instâncias, além da indicação do que pensam os tribunais, nestas circunstâncias, o prazo de 120 dias do mandado de segurança não parece tão irreal e não constrangeria o direito de defesa.

Também é oportuno recordar que até ser substituída a Súmula AGU n. 15 dizia: "Da decisão judicial que restabelecer benefício previdenciário, suspenso por possível ocorrência de fraude, sem a prévia apuração em processo administrativo, não se interporá recurso".

Além da impugnação do ato administrativo junto do CRPS, ao beneficiário que teve o benefício suspenso ou cancelado, somente lhe restará ingressar com ação ordinária na Justiça Federal para tentar ver reconhecido o seu eventual direito à prestação.

Embora anteriormente a 1997, o INSS já tomasse a iniciativa de auditar benefícios securitários, foi com a Lei n. 9.528/1997 que a autarquia federal sistematizou o expediente burocrático de verificação da regularidade da concessão e da manutenção dessas prestações. Trata-se, pois, de um dever vinculado do gestor, que a ele não pode se subtrair. Tal providência teve como pressuposto um número elevado de delitos cometidos contra a Administração Pública previdenciária.

POSIÇÃO SUMULAR

A possibilidade de revisão dos atos administrativos foi tratada na Súmula STF n. 473 que diz: "A Administração pode anular seus próprios atos, quando eivados de vícios que os tornam ilegais, porque deles não se originam direitos; ou revogá-los, por motivo de conveniência ou oportunidade, respeitados os direitos adquiridos, e ressalvada, em todos os casos, a apreciação judicial".

FRAUDE PREVIDENCIÁRIA

Repetimos. Fraude previdenciária é a falsificação de um documento, declaração ou informação com vistas à instrução de um benefício. Pratica a fraude quem declara que trabalhou numa empresa e não o fez. Aquele que preenche uma CTPS ou FRE nas mesmas condições. O que apresenta uma guia de recolhimento falsa.

SUSPEITA E CERTEZA

Simples menção a suspeita, que não seria suficiente para suspender um benefício, obriga a distingui-la da certeza da ilicitude. Suspeita é a presença de elementos indiciários sem o poder de convencimento total quanto à consumação do fato delituoso. A simples suspeita justifica apenas a investigação.

Certeza é convicção final, eliminação de qualquer dúvida sobre o evento averiguado. No comum dos casos a suspeita e a certeza são subjetivas.

Existem duas certezas: a) a subjetiva e b) a jurídica.

Subjetivamente, qualquer pessoa formulará uma convicção própria sobre uma ocorrência.

Certeza jurídica é a que se presta para produzir efeitos jurídicos.

A qualificadora da fraude previdenciária é a jurídica e esta somente sobrevém quando transitar em julgado a decisão do Poder Judiciário.

PRESENÇA DE INDÍCIOS

Quando o INSS tiver conhecimento de indícios de irregularidades, ele deve notificar o interessado "para apresentar defesa, provas ou documentos de que dispuser, no prazo de trinta dias" (PCSS, art. 69, § 1º).

Indícios são fatos reais que pressupõem a ocorrência de eventos, sem que ainda se tenha a convicção sobre ele (e uma convicção que há de ser buscada).

Frequentemente a dúvida sobre a validade do direito ao benefício decorre de: I) falsidade material dos documentos; II) falsidade ideológica; III) capacidade laborativa ou higidez; IV) interpretação equivocada da lei; e V) erro material.

POSIÇÃO DA AGU

A AGU diz que: "A suspeita de fraude na concessão de benefício previdenciário não enseja, de plano, a sua suspensão ou cancelamento, mas dependerá de apuração em procedimento administrativo, observados os princípios do contraditório e da ampla defesa" (Súmula n. 15).

No Direito Previdenciário Procedimental um dos procedimentos mais delicados é o que diz respeito às irregularidades na concessão dos benefícios. No comum dos casos, no julgar do INSS, a impropriedade se deve a interpretação da norma sem que se possa falar em má intenção do requerente (até porque ele também pode estar equivocado na compreensão do fenômeno jurídico).

Ainda que tenha algum delito previsto no Código Penal, nestes casos quase sempre não ocorre a consumação.

Os mais intrigantes são os que dizem respeito às fraudes constatadas pela autarquia federal.

SUSPEITA DE FRAUDE

Quase todas as manifestações referentes à suspensão ou ao cancelamento se envolvem com a expressão "suspeita de fraude", sem a explicitar com alguma clareza. No que diz respeito ao espectro da legitimidade de procedimentos, é um conceito que se posicionaria no meio termo entre a regularidade e a fraude propriamente dita.

Examinando a documentação, geralmente integrante dos autos de um processo, o examinador põe dúvidas sobre a validade material ou ideológica de um deles (CTPS rasurada, título de eleitor ilegível, certificado de reservista preenchido a mão, declaração de terceiros, PPP, ficha registro de empregados, folha de pagamento, holerite, etc.).

Se alguém apresentar alguma declaração que afirma ter trabalhado numa empresa não sendo veraz, a suspeita de falsidade estará presente. Confirmado que a empresa nunca existiu, a dúvida se transformará em certeza.

Suspeita é indício, convicção não bastante para se chegar à conclusão da convicção final, que mais tarde sobrevirá com outros meios de prova.

Como não é possível estabelecer-se um conceito básico convincente e útil para todos os casos e sabendo-se que se trata de uma análise quase sempre subjetiva, suspeita de fraude é uma avaliação pessoal submetida a reavaliação pelo autor ou terceira pessoa, relativa à validade da prova apresentada, afirmada em cada caso, consoante às circunstâncias do momento.

SÚMULA DO TRF DA 2ª REGIÃO

A Súmula n. 43 do TRF da 2ª Região reza: "A cassação ou suspensão de benefício previdenciário é ato administrativo único, de efeitos permanentes, razão pela qual, impetrado o mandado de segurança após o prazo de 120 dias opera-se a decadência".

Tentando justificar a parte dispositiva do enunciado, referindo-se a um incognoscível ato único, a súmula afirma que a suspensão tem efeitos permanentes; na verdade, isso só acontece com o cancelamento do benefício.

Parece justo lembrar outra vez a posição do TFR: "A suspeita de fraude na concessão de benefício previdenciário, não enseja, de plano, a sua suspensão ou cancelamento, mas dependerá de apuração em procedimento administrativo" (Súmula n. 160).

Atendida esta última súmula, tramitando os autos pelas várias instâncias, além da indicação do que pensam os tribunais, nestas circunstâncias, o prazo de 120 dias do mandado de segurança não parece tão irreal e não constrangeria o direito de defesa.

Além da impugnação do ato administrativo junto do CRPS, desse modo, ao beneficiário que teve o benefício suspenso ou cancelado, somente lhe restará ingressar com ação ordinária na Justiça Federal para tentar ver reconhecido o seu eventual direito à prestação.

Capítulo 17
VALOR DOS BENEFÍCIOS

Um dos principais fatores que interfere na tomada de decisão da aposentação é a situação econômica e financeira do segurado, principalmente quando o benefício da aposentadoria será a sua única fonte de renda.

Algumas das orientações aqui estabelecidas não têm a mesma validade para os felizes aquinhoados com outros recursos, mas a regra geral é que a aposentação deva ser um período da vida que permita o ócio desfrutado com alguma dignidade, mantendo-se como uma referência a ser considerada.

Por conta disso o vulto da renda mensal a ser auferida é terminantemente decisiva, ela definirá o nível da existência do aposentando. Quando da diminuição do seu patamar mensal, que é fato bastante comum, as recomendações se tornam ainda mais importantes. Até porque a aposentação é uma resolução um tanto inevitável.

Quem ganha acima do limite da previdência social e não está inscrito em um fundo de pensão complementar, aberto ou fechado, terá de aceitar que os seus rendimentos diminuirão significativamente (por comparação com o que antes recebia) e terá de se adaptar a essa nova realidade. Os custos próprios do processo de envelhecimento são maiores do que as despesas profissionais, agora desnecessárias.

Nestas condições, o pagamento das mensalidades de um plano de saúde passa a ser bastante significativo.

PREVIDÊNCIA BÁSICA

Como antecipado, de modo geral subsiste o RGPS dos trabalhadores da iniciativa privada, gerido pelo INSS e o RPPS, administrado por autarquias das diferentes unidades da federação (União, Estados, DF e municípios).

Existem situações legais em que a pessoa desfruta de aposentadoria simultaneamente nos dois regimes.

O trabalhador da iniciativa privada (aproximadamente 75% da população obreira formalizada do País), conforme o tipo de prestação aufere valores variáveis, que dependem do tipo e a base de cálculo da contribuição vertida desde julho de 1994.

Infelizmente, benefício médio do País é da ordem aproximada de R$ 700,00.

A regra é apurar a média dos salários de contribuição corrigidos e tomar um percentual dessa média, designada como salário de benefício: a) 100% na aposentadoria por invalidez ou especial; b) 70% mais 1% por ano de filiação na aposentadoria por idade até um máximo de 100%; e c) 70% aos 25 anos (mulheres) e aos 30 anos (homens), mais 5% por ano até um máximo de 100% na aposentadoria por tempo de contribuição e, *in casu*, com aplicação do fator previdenciário.

COMPLEMENTAÇÃO FECHADA

A proteção social que integraliza o montante da previdência básica compreende três segmentos específicos: a) previdência fechada; b) previdência aberta; e c) seguro privado.

Essa previdência fechada, por seu turno, divide-se em comum (patrocinada por empresa da iniciativa privada), pública (dos servidores públicos) e associativa (criada por instituições e destinada principalmente para empresários e autônomos). Um exemplo deste último tipo é a OABPrev, dos advogados paulistas.

Quem opta por uma dessas técnicas deve tomar conhecimento das condições regulamentares que definem a relação estabelecida com o órgão gestor. Precisa deter o Regulamento Básico da EFPC a mão e lê-lo com bastante atenção.

AÇÕES JUDICIAIS

O Direito Previdenciário é um ramo jurídico complexo por natureza; sua legislação é frequentemente modificada e varia a interpretação dos estudiosos, do INSS e do Poder Judiciário. Daí uma enorme quantidade de ações judiciais transitam na Justiça Federal, geralmente pretendendo a revisão do cálculo dos benefícios, perdas econômicas havidas, transformação ou desaposentação.

Recomenda-se que por ocasião do deferimento da aposentadoria e também quando dos reajustamentos anuais decorrentes da inflação, o segurado tome amplo conhecimento do cálculo da sua renda mensal.

O ideal é conversar com os amigos que dominem o assunto, abordar colegas de trabalho, procurar o sindicato profissional, a associação de aposentados e, nos casos mais complexos, um advogado especialista de confiança.

Convém que o aposentado que ingressou com uma dessas ações, contratando os serviços de um profissional, acompanhe de perto o andamento nas diferentes instâncias judiciárias. A internet ajuda.

SEGURO INVALIDEZ

Uma modalidade suplementar de proteção é a celebração de um contrato de seguro privado em que o evento determinante seja a invalidez. Quando a cobertura se restringe apenas a essa contingência, o custo mensal não costuma ser elevado.

CRITÉRIOS DE REAJUSTAMENTOS

Os reajustamentos anuais têm observado a variação integral do INPC e no ano 2010 o Governo Federal assegurou um *plus* acima desse índice, em vez de 6,14% mandou pagar 7,72% a partir de 1º.1.2010.

O critério é constitucional, histórica e tecnicamente equivocado porque os aposentados e pensionistas têm aumentados os seus gastos depois da jubilação ou viuvez e em razão até de uma inflação subjetiva. Essa última é aquela que diz respeito ao fato de que, hoje em dia, além dos gastos habituais, as despesas das pessoas aumentaram significativamente com a oferta de novas tecnologias (GPS, ABS, iPod, MP-4, TV a cabo, celular, internet, computador, câmeras digitais, etc.).

Além das rendas programadas e vitalícias, cientes da inflação dos idosos (máxime em matéria de saúde), para os matemáticos não será difícil estipular qual deve ser o custeio de rendas crescentes.

Muitas das ações impetradas não têm sentido técnico, entre as quais a do número de salários mínimos, da observância do teto de 20 valores de referência e do direito ao limite do salário de contribuição e, por conseguinte, salário de benefício. Embora não se deva nem possa castrar essas iniciativas porque muitas criações de advogados e decisões de juízes têm mudado as regras legais e feito o Governo Federal repensar.

PREJUÍZOS E INCOMPREENSÕES

O período precedente à aposentação, quando o deferimento do benefício demora ou não corresponde a uma falsa perspectiva, que é angustioso por natureza, pode ser agravado durante a manutenção do benefício. Antes do pedido é desejável uma simulação para não ocorrerem surpresas desagradáveis no que diz respeito ao valor inicial. O INSS faz cálculo com base no que consta no CNIS e não necessariamente no recebido pelo trabalhador.

Entretanto, o maior desespero dos aposentados diz respeito ao montante do benefício mantido durante o passar do tempo. É voz corrente que todas as mensalidades são achatadas e, em certo sentido, elas são, mas é preciso identificar as causas. E, quem sabe, conviver com elas.

Compreender o que está se passando, desfazer alguns mitos e tomar consciência que o possível direito das pessoas depende da lei e da sua interpretação, ajudará a evitar que se fiquem sofrendo e brigando desnecessariamente com o INSS.

Em primeiro lugar, não há direito jurídico nem lógico a pretender uma renda inicial calculada em salários mínimos (desde 1992!) e ser assim mantida todo o tempo. O *quantum* do salário mínimo sobe anualmente porque é muito pequeno e deve ser reajustado periodicamente para que a economia do País se adapte a essa realidade. Majorá-lo progressivamente em termos reais é uma medida apropriada. Isso não tem nada a ver com o nível da aposentadoria de quem ganha acima desse montante nem com a inflação.

Quem se aposentou com certo percentual do teto não espere que toda vez que esse teto for modificado (historicamente ele tem sido majorado, mas um dia já regrediu), receberá o mesmo percentual do novo teto. Bastaria ele diminuir para que ninguém mais desejasse tal critério. Essa relação matemática e, portanto, esse direito, não existe.

Como pano de fundo, é um equívoco pensar que as gritantes injustiças salariais do País serão solucionadas pela previdência social. Tentar aumentar o valor dos benefícios numa economia com baixos salários não dará certo.

O que a norma constitucional garante — tecnicamente ela está equivocada — é que os reajustamentos sejam operados em função da reposição das perdas da inflação e, embora pudesse haver (para isso bastando vontade política), não existe previsão de aumentos.

Sem embargo, pessoalmente os aposentados e pensionistas forçados ou por vontade própria aumentam os seus gastos e então se estabelece um desequilíbrio entre receitas e despesas.

O ideal da previdência social é um aumento real para que o jubilado possa enfrentar as despesas do envelhecimento e possa suportar as novas tecnologias postas à sua disposição.

PARTICIPAÇÃO EM ASSOCIAÇÕES

Sempre que possível recomenda-se que o beneficiário mantenha contato com as associações de aposentados e, se for o caso, se filie a uma delas.

Toda vez que uma tese nova encontra ressonância no Poder Judiciário, essas entidades são as primeiras a se movimentarem em favor dos seus associados.

Os sindicatos, muito ligados aos trabalhadores em atividade, ainda não desenvolveram quadros ideais de especialistas para defender os aposentados como fazem essas associações.

EMPRÉSTIMO CONSIGNADO

A possibilidade do empréstimo consignado e sua facilidade de contratação chamam a atenção de todos. Sua utilização precisa ser feita com muito cuidado. O futuro do aposentado está calcado nas mensalidades do seu benefício. Somente em casos excepcionais é que ele deve apelar para essa solução.

Neste caso, costuma-se presenciar certo drama familiar, com os filhos ou netos querendo sacar o futuro dos idosos, comprometendo-lhes os haveres previdenciários. E muitas vezes, cometendo delitos contra a vontade daquele que os criou.

ACOMPANHAMENTO *PARI PASSU* DA LEGISLAÇÃO

No Brasil atual, infelizmente quem deixou de trabalhar e esperava jamais ter de se preocupar com a manutenção do benefício, está enganado; é absolutamente necessário que acompanhe as mudanças da legislação.

Se um dia o fator previdenciário desaparecer, com certeza todos os que se sentiram prejudicados por ele tentarão rever sua situação retroativamente no Poder Judiciário Federal.

As figuras de revisão da renda inicial, transformação e desaposentação são institutos técnicos incipientes, que ainda não estão consolidados no Direito Previdenciário.

GOLPES DE ESTELIONATÁRIOS

Os aposentados, principalmente quando idosos, costumam ser vítimas de artimanhas aplicadas por estelionatários. O *modus operandi* é a correspondência escrita, e-mail ou telefonema, informando sobre um possível ganho de causa e a necessidade de depositar "os honorários" dos advogados.

A OAB e a polícia estão tentando localizar esses delinquentes aproveitadores, mas não tem sido fácil encontrá-los.

Existe um tipo de golpe em que o valor é "depositado" na conta corrente do titular e o estelionatário pede o depósito dos seus "honorários"; se esse depósito indevido acontece ou não, no dia seguinte o montante é estornado pelo banco porque fora feito com um cheque sem fundo de uma conta inexistente.

Tome cuidado, procure se informar antes de fazer qualquer pagamento. Na dúvida, se tiver uma ação em andamento, consulte o seu advogado.

SAIDINHA DE AGÊNCIA BANCÁRIA

Oh! Homem de cabelos brancos! Muito cuidado quando retirar dinheiro vivo no caixa eletrônico de um banco. Afaste-se de estranhos e somente peça ajuda aos bancários. Atenção com quem estiver usando o celular por perto: pode ser um malandro.

CARTEIRA DOS ADVOGADOS

Em 1959, junto do IPESP, uma autarquia paulista, foi criada uma Carteira de Previdência dos Advogados quando esses operadores do Direito não eram segurados obrigatórios. A partir de 1960 as prestações propiciadas por essa entidade adquiriram certo caráter de complementação do benefício devido pelo INSS.

Recentemente, verificou-se que o plano de benefícios estava em formidável desequilíbrio, obrigando a sua revisão. Tecnicamente a Carteira está em regime de extinção, mas com as providências tomadas espera-se que se recupere e possa cumprir os compromissos assumidos com os advogados de São Paulo (*Comentários à carteira dos advogados de São Paulo.* São Paulo: LTr, 2010).

Capítulo 18
INCORPORAÇÃO DO AUXÍLIO-ACIDENTE

A legislação infortunística propicia uma situação *sui generis* em matéria de acumulação de benefícios, envolvendo o auxílio-acidente com uma das quatro aposentadorias possíveis.

AUXÍLIO-ACIDENTE

Esse auxílio-acidente é um benefício vitalício de pagamento continuado não substituidor dos salários devido ao segurado que sofreu um acidente do trabalho, requereu um auxílio-doença acidentário (NB 91), teve alta médica e ficou com uma sequela, ou seja, uma incapacidade parcial e permanente.

VALOR DO BENEFÍCIO

Esse benefício é 50% do salário de benefício (média dos 80% maiores salários de contribuição corrigidos desde julho de 1993), não reclama exame médico sequencial e permite a volta ao trabalho.

LEI N. 9.528/1997

Até o dia 11.12.1997, antes de entrar em vigor a Lei n. 9.528/1997, o segurado poderia receber o auxílio-acidente juntamente com uma aposentadoria definitiva, logo, sendo mantidos dois benefícios.

EXEMPLO NUMÉRICO

Operando com números de 2010, se alguém fazia jus a um auxílio-acidente de R$ 1.500,00 e uma aposentadoria de R$ 3.000,00, receberia R$ 4.500,00. Portanto, ultrapassando o limite dos benefícios previdenciários que nesse mesmo ano era R$ 3.467,40.

CUMULAÇÃO VEDADA

A Lei n. 9.528/1997 vedou essa acumulação e determinou que o valor mensal do benefício acidentário fosse acrescido ao salário de contribuição da aposentadoria, uma forma de incorporação, na prática exceto na hipótese de proximidade do limite.

Assim: R$ 3.000,00 + R$ 1.500,00 = R$ 3.689,66, subsistindo uma perda mensal de R$ 810,34 em relação a situação anterior.

DIREITO ADQUIRIDO

Quem teve o auxílio-acidente e a aposentadoria iniciados antes de 11.12.1997 configurou o direito adquirido e não pode ser afetado pela restrição da Lei n. 9.528/1997.

VALIDADE DA NÃO ACUMULAÇÃO

Ao contrário, quem obteve os dois benefícios depois da referida norma, ela se aplica inteiramente e somente resta a referida incorporação do salário de contribuição.

AÇÕES NA JUSTIÇA FEDERAL

Por se tratar de um benefício vitalício, muitos aposentados pretenderam a manutenção dos dois benefícios e boa parte deles conseguiu na Justiça Federal o reconhecimento desse direito. Mas o imbróglio jurídico continua em aberto, dividindo os magistrados e certos doutrinadores.

Aqueles aposentados que se encontram nessa situação, ou seja, com um auxílio--acidente concedido antes de 1997 e uma aposentadoria deferida depois dessa data, devem procurar um profissional especializado em Previdência Social e, se for o caso, o Poder Judiciário.

CULPA IN VIGILANDO

Há casos menos usuais: quando da concessão da aposentadoria o INSS deveria incorporar o valor do auxílio-acidente, cancelá-lo, e não o fez, mantendo os dois benefícios.

Mais tarde, dentro do decênio da decadência ele pode cancelar aquele benefício, suscitando-se a questão da devolução dos valores mensais recebidos em face da alimentaridade da prestação e da culpa da autarquia.

PREVIDÊNCIA COMPLEMENTAR

Isso tudo pode ainda ser mais complicado, se esse segurado faz jus a alguma complementação, pois neste caso específico (aliás, bem raro), qualquer redução da mensalidade do INSS implica em aumento da mensalidade da EFPC.

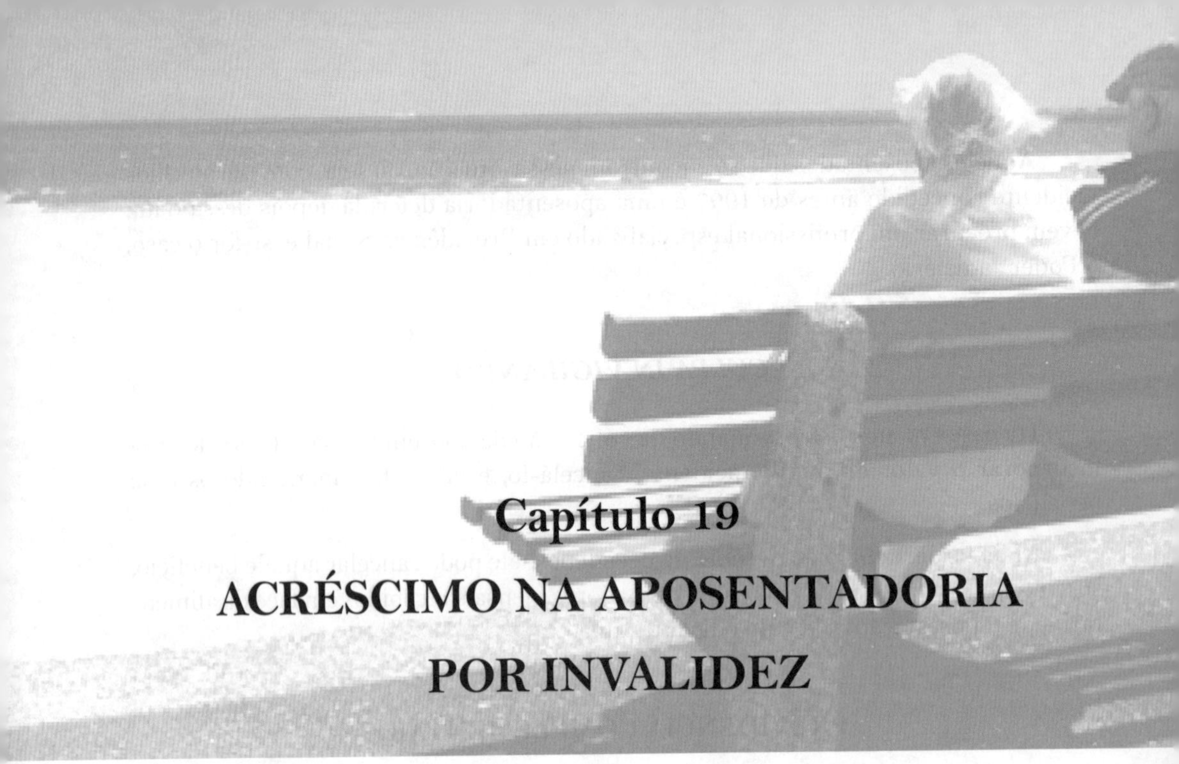

Capítulo 19

ACRÉSCIMO NA APOSENTADORIA POR INVALIDEZ

A aposentadoria por invalidez é concedida ao segurado que após 12 contribuições "for considerado incapaz e insusceptível de reabilitação para o exercício de atividade que lhe garanta a subsistência", pela perícia médica do INSS.

A norma jurídica previdenciária é muito clara: incapacidade total e definitiva para o trabalho, cometendo enorme responsabilidade ao médico perito da autarquia federal quando da verificação.

APOSENTADORIA ACIDENTÁRIA

Nos casos de incapacidade decorrente de acidente do trabalho, não há necessidade daquele número mínimo de contribuições. Basta que o trabalhador esteja filiado, isto é, que haja começado as atividades que o obrigaram a condição de segurado.

EMPREGADO NÃO REGISTRADO

Caso ainda não tenha sido registrado na Ficha Registro de Empregados da empresa ou na CTPS, sua remuneração terá de ser determinada por analogia com diferente profissional no mercado de trabalho ou outro meio admitido em Direito.

MANUTENÇÃO DAS MENSALIDADES

O benefício é mantido enquanto o segurado continuar na condição de totalmente incapaz para o trabalho, ou seja, tecnicamente inválido, devendo ser periodicamente submetido a exames médicos periciais.

INGRESSO DO INCAPAZ

A incapacidade não poderá ter início antes da filiação à previdência social (quer dizer: antes de começar a trabalhar ou a contribuir), mas a lei aceita a situação de quem ingressou com alguma inaptidão e ela se agravou ou progrediu durante o exercício da atividade.

DATA DO INÍCIO

Caso tenha sido precedido de auxílio-doença, as mensalidades iniciar-se-ão no dia seguinte à cessação daquele primeiro benefício, mas, nos casos mais bem definidos da inaptidão, pode começar no 16º dia contado da Data do Afastamento do Trabalho (DAT), para os empregados, e na Data de Início da Incapacidade (DII) ou da Data de Entrada do Requerimento (DER) para domésticos, contribuintes individuais, segurados especiais e facultativos.

VALOR DA RENDA MENSAL INICIAL

O valor do benefício é de 100% da média dos 80% maiores salários de contribuição corrigidos desde julho de 1994.

Não há aplicação do fator previdenciário.

Em 2011, o *quantum* mínimo era de R$ 545,00 e o máximo, de R$ 3.689,66.

VOLTA AO TRABALHO

Enquanto estiver incapaz o segurado não poderá voltar ao trabalho e se o fizer terá as mensalidades suspensas durante o período de exercício da atividade profissional (devendo restituir o que recebeu indevidamente).

O art. 46 do PBPS fala em cancelamento, mas a figura jurídica pode ser entendida como de suspensão; as mensalidades poderão ser restabelecidas se a incapacidade total e permanente restar comprovada, mas, conforme o caso, não será estranho entender-se que se trata de um novo benefício.

Anos de manutenção do benefício muitos aposentados fazem pequenos serviços ("bicos"), os quais são implicitamente aceitos pela Previdência Social, especialmente para os casos em que a renda mensal é o salário mínimo.

O extraordinário avanço da tecnologia permitiu que muitos aposentados passem a trabalhar em outra atividade. A matéria não foi regulamentada pelo Governo Federal.

NECESSIDADE DE ASSISTÊNCIA DOMICILIAR

O aposentado que necessitar da assistência permanente de outra pessoa faz jus a um aumento de 25% (um quarto) no valor. Logo, quem está recebendo R$ 2.000,00, passa a receber R$ 2.500,00, a partir da data em que fizer a prova dessa condição de necessitado da assistência de terceiros.

Quem estiver no teto (R$ 3.689,66), irá para R$ 4.612,07 (o maior benefício de pagamento continuado pago pela Previdência Social).

APOSENTADOS COM DIREITO

Entre outras, as pessoas que têm direito são:

1) os acamados em sua residência;

2) os que permanentemente têm de usar cadeira de rodas;

3) os internados em hospitais, clínicas de repouso e asilos;

4) de modo geral, as pessoas com muita idade, que não têm como atender as suas necessidades básicas sem a ajuda de terceiros.

O critério é da perícia médica do INSS, dela cabendo recurso.

SUSPENSÃO DO ACRÉSCIMO

Se o aposentado melhorar as suas condições e dispensar a ajuda de terceiros, o acréscimo é suspenso pelo INSS.

ADIÇÃO À PENSÃO POR MORTE

Falecendo o aposentado, o acréscimo de 25% não se incorporará à pensão por morte.

Capítulo 20

SIGNIFICADO DA APOSENTAÇÃO

Todo este ensaio está centrado na tentativa de explicar o que quer dizer a inação do trabalhador remunerado por um benefício da previdência social.

VISÃO GERAL

A aposentação é uma condição jurídica, situação fática e um estado de espírito do homem. Ela apresenta várias nuanças, não se identifica com a simples percepção do benefício mensal da aposentadoria; trata-se de um direito subjetivo constitucional com o qual não se confunde inteiramente, principalmente quando o segurado volta ao trabalho ou passa a exercer outra atividade remunerada.

Assim o afastamento do trabalho experimenta níveis conceituais: a) percepção de uma prestação com ou sem o empenho em qualquer outra tarefa, implicando em inação total; b) aposentação e continuidade laborativa, mesmo emprego ou exercício de outra profissão; c) aposentação e dedicação a algum serviço prazeroso; e d) uma figura comum, aposentação num regime previdenciário e filiação em outro regime, ali esperando uma nova aposentação.

Com o passar do tempo e o avanço da idade, a tendência das pessoas é caminharem para uma letargia orgânica. Não uma cessação total da atividade profissional, mas a observância de entretenimentos e alguns esforços físicos compatíveis com a idade.

Para muitos homens a comunicação da sua demissão é um fato teratológico, se ele tem mais de 50 anos de idade e não tem muita qualificação; sobrevém um vazio incalculável, uma perda terrível, às vezes gerando depressão. Pior ainda, ao voltar à empresa para as últimas providências, acontece aquela sensação de inutilidade.

ASSIMILAÇÃO DA INATIVIDADE

Profissionalmente, aposentar-se é morrer um pouco (e o primeiro passo para uma desativação indesejada).

Quem trabalhou a vida inteira, acabou se acostumando com a rotina do esforço físico. Por isso, desprezando-se os ônus próprios do emprego (vestir-se, transportar-se, submeter-se à vontade do patrão, etc.) de repente o descanso ocioso estranha por falta de identificação do seu significado.

Conheci um senhor que no dia seguinte à aposentação, levantou-se cedo, como sempre fazia, tomou banho, vestiu-se, tomou café e estava se dirigindo para o ponto de ônibus quando percebeu que não tinha de ir ao trabalho.

A aposentação é uma passagem, mudança de vida como tal tem de ser assimilada. As modificações que experimentamos talvez não sejam facilmente sentidas porque não são datadas, acontecem aos poucos, operadas insidiosamente, mas a aposentação tem momento certo e assusta o indivíduo.

Às vezes é dramática. Corresponde aquela surpresa de reencontrar um velho amigo a quem não víamos há muitos anos (como ele envelheceu...).

ÚLTIMOS ANOS DE VIDA

Aposentados ou não, poucos se preparam intimamente para o desenlace final ou se predispõem para viver os últimos anos de sua vida. A civilização ocidental não tem instituto técnico para a tanatologia.

A aposentação, máxime por idade, sinaliza para o ingresso nesse universo de desaceleração da atividade.

IDENTIFICAÇÃO SOCIAL

Uma aposentação identifica a pessoa com certo sentido pejorativo, especialmente se o benefício é por aposentadoria por invalidez.

Ela distingue os seres humanos porque a previdência social não tem mais de 125 anos e o ócio impressiona um mundo com tanta agitação, dinamismo e movimentação.

Estão certos aqueles americanos que vão para a Flórida e os brasileiros que se mudam para o litoral, porque nesse habitat encontrarão parceiros de bocha, truco, malha, dominó, canastra, tranca, etc., e não se sentirão uma minoria de inúteis.

PREPARAÇÃO PARA A APOSENTAÇÃO

Implicando em afastamento do trabalho, a aposentação deve ser programada pelo menos dez anos antes. O segurado tem de saber o que vai fazer, se continuará trabalhando, se diminuirá o ritmo ou vai ingressar no *dulce far niente* dos idosos.

Financeiramente, terá a redução de algumas despesas e aumento de outras. No comum dos casos, vai se vestir modestamente, não terá de se transportar da residência para a empresa, adquirir instrumentos laborais e acompanhar o desenvolvimento da tecnologia.

Terá de saber que auferirá algum recurso pecuniário e precisará se decidir como vai aplicar esse capital; se empreenderá alguma atividade mercantil, investirá no mercado financeiro ou consumirá esse valor.

Afastar-se do ambiente de trabalho com tudo o que isso significa, com o tempo representará a perda de alguns amigos, passará mais tempo em casa e adquirirá novas incumbências. Algumas até então desagradáveis, mas a vida é assim: ou assume ou sofre com elas.

DECISÃO DO JUBILAMENTO

Vários fatores interferem no momento e na decisão do afastamento. Frequentemente fazendo parte do quadro de pessoal da empresa, por ocasião da consumação do direito à aposentadoria, o segurado estará no auge de sua carreira profissional e, às vezes, em vias de obter uma promoção há muito tempo esperada.

Há quem não se aposente nessa ocasião porque pretende ver reconhecido o seu esforço, a sua assiduidade e sua dedicação ao empregador para, depois, se aposentar.

Ainda que a possibilidade de uma promoção seja real ela não deve influir na decisão de solicitar o benefício. Representa uma disposição de não se aposentar, que não é recomendável. Eventuais prejuízos advindos posteriormente superam as perdas havidas com a decisão da retirada.

A par de condições subjetivas, importa saber se a data do início do futuro benefício coincidirá com o melhor mês para a aposentação. Quem já tem 34 anos e 11 meses de tempo de serviço convém esperar 30 dias para que tenha a aposentadoria integral, afastando o pedágio, e lembrar-se de outros quesitos que devem ser observados.

A decisão de solicitar a aposentadoria é questão que diz respeito não só à pessoa como à família. Com os filhos já criados essa família se reduz apenas aos cônjuges, o parceiro deve participar da decisão.

Felizmente os casos são raros, mas existem cenários em que o segurado "não pode" se aposentar porque a convivência do casal não será o ideal e entrará em risco com a presença cotidiana do homem dentro de casa.

Convindo falar que nada adiantará protelar essa decisão; o problema deve ser enfrentado pelos dois conviventes.

MOMENTO DO AFASTAMENTO

Uma vez tomada a decisão, é preciso determinar o momento, o que é uma questão fática, técnica e jurídica. Existem melhores e piores meses para o início da prestação.

GANHOS EXTRAS

Embora o fenômeno venha diminuindo com o passar do tempo, em face da aposentadoria por tempo de contribuição, do professor e da especial, no Brasil a aposentação é uma forma de ganho extraordinário.

As pessoas aposentam-se para voltar ao trabalho, muitas vezes no mesmo emprego ou em outra atividade, objetivando uma renda maior. Não é esse o sentido da previdência social. A prestação deve ser uma substituição dos rendimentos da pessoa e não de um complemento.

Vejam que interessante: o trabalhador, ao se aposentar, receberá 100% (não tem desconto) e na atividade recebia apenas 89%; o servidor que completou os requisitos recebia vencimentos de 100% (não tem desconto) e passará a receber 89% de proventos.

BUSCA DE UM DESCANSO

No desabrochar da vida, no período de meninice, as crianças devem brincar e os jovens estudar. Durante a vida madura elas carecem trabalhar e reunir os meios para que possam não ter de trabalhar e usufruam a inatividade.

Esse descanso chamado de ociosidade, não está muito claro como técnica social bem pessoal. Diante das dificuldades da vida, da busca do emprego ou da atividade, dos desencontros familiares, é possível que ele não seja bem compreendido por todos, refletindo-se naquela que ele faz jus.

Muitos trabalhadores veem o INSS como o seu último e garantido patrão.

VOLTA AO TRABALHO

O RGPS permite a volta ao serviço de quem recebeu aposentadoria por idade ou por tempo de contribuição e com o dever de continuar contribuindo. Esse fenômeno é uma distorção do sistema. Tecnicamente o obreiro deveria se aposentar e deixar o emprego para outro ou prosseguir trabalhando, sem se aposentar.

O retorno ao labor ou a continuidade laboral tem preocupado os estudiosos da previdência social porque as pessoas estão vivendo cada vez mais. Em 2011, cerca de 8% da população brasileira terá mais de 60 anos. Calcula-se que em 2021 chegará a 13% e assim por diante.

Alguns bons indicadores podem se suscitados:

a) As pessoas estão vivendo mais e os empregos têm diminuído num processo que parece crescer todo o tempo.

b) Vivendo mais é preciso pensar em ocupá-las com serviços remunerados.

c) O desenvolvimento dinâmico da tecnologia afasta os mais velhos do exercício da atividade laboral.

d) Os mais jovens não desejam custear as aposentadorias dos mais velhos, nem dos seus pais.

e) A solidariedade das gerações está desaparecendo.

f) Pessoas improdutivas não têm futuro no capitalismo.

g) A ideia é criar ocupações compatíveis com os idosos para que eles se mantenham até o momento da aposentadoria.

Capítulo 21
POSSIBILIDADE DE DESAPOSENTAÇÃO

Não nos furtaremos a uma pequena digressão sobre a figura da desaposentação, por nós criada em 1987, ainda que aqui e agora, a intenção seja a de exclusivamente o segurado tentar melhorar o valor das mensalidades e não a de voltar ao trabalho.

CONCEITO MÍNIMO

Desaposentação consiste numa renúncia às mensalidades de um benefício legitimamente concedido num regime e a cessação de sua percepção para que o tempo de serviço e as contribuições possam ser utilizados no mesmo ou em outro regime.

CONCEITO NA DOUTRINA

Gisele Lemos Kravchychyn define a renúncia "como o ato de caráter do possuidor do direito, eminentemente voluntário e unilateral, através do qual alguém abandona ou abre mão de um direito já incorporado ao seu patrimônio" (*Desaposentação*, disponível na internet).

PRESSUPOSTOS LÓGICOS E JURÍDICOS

Uma desaposentação reclama a presença de vários pressupostos lógicos, jurídicos e práticos, a serem verificados em cada caso. Um deles, existir um benefício regular, legal e legitimamente deferido.

BENEFÍCIO EM MANUTENÇÃO

Não se pode renunciar ao inexistente. O ato indica um direito previdenciário eficaz, protegido pelo ato jurídico perfeito ou coisa julgada, e o deferimento administrativo aperfeiçoado de certa prestação.

INICIATIVA PESSOAL DO TITULAR

Direito personalíssimo (tanto quanto requerer e desfrutar um benefício a ser renunciado) o procedimento administrativo será deflagrado exclusivamente após demonstração inequívoca da volição do titular dessa faculdade, por sua expressa vontade, sendo preferível que ele pessoalmente a manifeste por escrito.

DEFINITIVIDADE DA PRESTAÇÃO

A concessão de um benefício assegura ao seu titular a definitividade, questão que somente pode ser enfocada sob o aspecto do aposentado e não do ente gestor.

REPOSIÇÃO DO EQUILÍBRIO

Olvidando-se o regime financeiro de repartição simples, que permeia os regimes jurídicos previdenciários, de regra, para que a desaposentação seja sustentável do ponto de vista técnico do seguro social e atenda aos seus objetivos, é imprescindível o restabelecimento do *status quo ante*.

É de relevante interesse público que não haja prejuízo aos regimes envolvidos.

MOTIVAÇÃO ESPECÍFICA

O escopo da desaposentação é amplo: 1) *a priori*, socialmente deixar de ser aposentado, sem importar o que isso signifique pessoalmente; 2) voltar a trabalhar, contribuir novamente e se aposentar no mesmo regime; 3) renunciar, obter a CTC e se jubilar logo ou depois em outro regime.

Em suma, em todos esses casos, melhorar de situação.

OBJETIVO DE MELHORAR

A par da necessidade da motivação que existe e compreende até o ócio não remunerado, vale dizer, sem pensar noutra aposentadoria, mas na própria realização individual, a renúncia pode ser *stricto sensu* e *lato sensu*.

Na primeira ideia assim ajuízam alguns julgados. Para que seja acolhido o instituto técnico, ele somente poderia acontecer para aumentar pecuniariamente a renda mensal.

MORALIDADE DA PRETENSÃO

Moralmente, não se admite que um aposentado queira se prejudicar e receber menos, exceto, num raríssimo caso e a ser examinado com muito cuidado, se isso lhe trouxer alguma felicidade.

Contraria o interesse público da norma previdenciária algum masoquista pensar em se diminuir. Pelo menos em termos jurídicos, porque nada impede que ele, depois de recebidas, doe as mensalidades já auferidas.

Mas, melhorar é preciso e não tem qualquer imoralidade.

Também é rejeitada a ideia de causar dano a terceiros (deixar de pagar pensão alimentícia aos alimentandos ou às instituições).

DESISTÊNCIA FORMAL

A desaposentação, além dos pressupostos, tem em seu bojo a abdicação de direito disponível (que são as mensalidades mantidas).

CESSAÇÃO DOS PAGAMENTOS

À evidência para que a desaposentação produza os seus efeitos práticos e jurídicos, entre os diversos passos do andamento administrativo do pedido, impõe-se um ato final, o encerramento do benefício em manutenção a partir de certa data-base.

IRRESIGNAÇÃO DAS AUTORIDADES

Inicialmente, a dúvida instalada nos órgãos previdenciários, na doutrina e na jurisprudência cifrou-se ao desfazimento do direito adquirido a aposentação. Em si mesmo essa postura devia-se a surpresa diante do fato novo. Ora, essa garantia constitucional é um direito fundamental do indivíduo em face das instituições.

Diante da pretensão de obter um estado superior — cuja pretensão à melhor proteção é apenas um resíduo —, o aposentado tem direito de renunciar à proteção assegurada por esse princípio protetivo.

Se ele entende que estará em melhores condições, será mais feliz, o direito simples ou o direito adquirido, a coisa julgada e o ato jurídico perfeito, são ferramentas disponíveis em seu favor.

DEVOLUÇÃO DO RECEBIDO

As principais razões brandidas para não haver restituição do devidamente recebido durante a manutenção do benefício renunciado são filosóficas (idealistas), ilíquidas e sem apoio no princípio do equilíbrio atuarial e financeiro. Boa parte delas, bastante românticas...

Pelo menos algumas delas estão sendo praticadas: a) nenhuma devolução (posição recente do STJ); b) devolução integral; c) devolução parcial; d) retenção de 30%; e e) valor não sentenciado.

Tratando-se de benefícios programados, não se pode apoiar a pretensão apenas na existência de um regime de repartição simples, mutualismo ou da solidariedade securitária.

DESISTÊNCIA DA DESAPOSENTAÇÃO

Durante o processo de instrução da renúncia e nova aposentação, não só permanece o direito à percepção das mensalidades em manutenção como a possibilidade de desistência da abdicação.

O segurado que, por qualquer motivo (um deles pode ser o alto custo da restituição) não mais desejar a desaposentação, tem direito de refazer o ato concessório ou o de manutenção.

DIREITO SUMULAR

O TRF do Rio Grande do Sul acolhe a desaposentação, o do Rio de Janeiro limita sua amplitude e o STJ vem acolhendo a pretensão dos aposentados.

Embora a questão não seja constitucional, um primeiro processo chegou ao STF, tem parecer favorável do Ministro Relator Marco Aurélio de Mello e aguarda a vista dos autos, solicitada pelo Ministro Dias Toffóli.

INTERESSE PÚBLICO

Se o interesse público entende que, ao final de certo tempo, é bom para o segurado e para a sociedade que ele se afaste do trabalho ou que obtenha uma parte de sua subsistência mediante um benefício previdenciário, é preciso considerar os elementos intrínsecos dessa renúncia.

Constituindo-se uma garantia do indivíduo, não pode haver renúncia forçada; a compulsoriedade estranha a sua volição. Não pode ser presumida.

Exceto quando determinada expressamente pela lei (o que aconteceu com a substituição da indenização trabalhista pelo FGTS).

DISTINÇÕES NECESSÁRIAS

A desaposentação não se confunde com a cessação, a suspensão, o cancelamento ou a transformação de benefício.

Na cessação extingue-se naturalmente o direito (em razão da morte do titular ou da alta médica).

Suspensão significa que foi praticado um fato que susta a continuidade das mensalidades (volta ao trabalho do percipiente da aposentadoria por invalidez).

O cancelamento é uma declaração de que o direito nunca existiu (*ab initio* houve má-fé, fraude ou conluio) ou que se justifica hodiernamente.

Na transformação, uma prestação é substituída por outra (por ex. cessação do auxílio-reclusão e concessão da pensão por morte do presidiário).

Ressalta-se *ad nauseam*: desaposentação não é revisão de cálculo nem incorporação de novas contribuições.

REVISÃO DAS MENSALIDADES

Rever os percentuais do tempo de contribuição ou os montantes mensais do salário de contribuição do aposentado que continuou vertendo contribuições ou que voltou ao trabalho, em face do impedimento legal, à luz do disposto no art. 18, § 2º, do PBPS, não tem sido acolhido pela Justiça Federal.

Essa providência foi uma tentativa doutrinária de resistir a não destinação específica das contribuições dos aposentados (que ignora o regime financeiro do RGPS) e a não devolução dos valores, como sucedida com o extinto pecúlio.

REGULAMENTAÇÃO DA MATÉRIA

O legislador deveria regulamentar a matéria, permitindo a revisão pretendida ou restaurando aquele benefício de pagamento único que terminou em 15.4.1994 com a Lei n. 8.870/1994, para que a atual política do MPS não se constitua numa postura tão antipática aos contribuintes.

ATUALIZAÇÃO DOS VALORES

A tentativa de pretender que o INSS a cada ano promova uma revisão de cálculo da mensalidade mantida do benefício, por falta de amparo legal também não tem prosperado judicialmente. Não há direito nem direito adquirido a essa pretensão.

Sem embargo de o sistema estar incentivando uma prática contrária à filosofia do Direito Previdenciário (o aposentado não deveria poder voltar ao trabalho), as contribuições vertidas após a aposentação poderiam matematicamente prestar-se para a revisão da renda mensal inicial, pois tal prática não representa qualquer ofensa ao princípio do equilíbrio atuarial e financeiro do sistema.

POSIÇÃO DOS ENTES GESTORES

Diante da prática do ato jurídico perfeito, os entes gestores entendem não ser possível a desconstituição do ato de concessão do benefício. De certo modo, eles escudam-se na ideia de que o titular é portador de um direito irrenunciável, irretocável e definitivo.

Eles confundem o direito ao tempo de contribuição, esse sim, irrenunciável, com o direito à manutenção do benefício, perfeitamente disponível. Se não houver prejuízo para ninguém, pessoa física ou jurídica (aqui compreendido o regime previdenciário) não há porque resistir-se a essa concepção.

Respeitados o equilíbrio atuarial do plano de benefícios e o interesse público envolvido (ressaltados os seus aspectos morais), em ação legítima, legal e regular, tudo é permitido.

DIREITO AO TEMPO DE SERVIÇO

Quem se filiou facultativa ou obrigatoriamente a um regime próprio, como são exemplos o RGPS e o RPPS e atendeu os preceitos legais, principalmente demonstrou que efetuou as contribuições mensais correspondentes, assegura o direito patrimonial ao tempo de serviço ou de contribuição para os diversos fins da previdência social.

Poderá consumi-lo no regime original ou portá-lo para outro, por intermédio da contagem recíproca de tempo de serviço.

Institucionalmente, por ser indisponível (ainda que o titular assim deseje) esse tempo de contribuição ou de serviço é irrenunciável.

DIREITO ADQUIRIDO

Não tendo sido exercitado na ocasião esperada pela natureza do benefício ou computado para defini-lo numa concessão, o direito simples passa a ser adjetivado como um direito adquirido.

Trata-se de um bem jurídico previdenciário incorporado ao seu patrimônio que ninguém, nem sua vontade ou a força da lei, pode afetá-lo.

RENÚNCIA ÀS MENSALIDADES

Julgando melhorar de *status* a qualquer pessoa é dado abster-se da condição de aposentado, visando o estado de ocioso ou ativo.

Para isso terá de formalmente externar sua vontade livre de deixar de ser um percipiente de benefício. Esse ato unilateral precisa ser justificado ao INSS, ainda que a justificativa pertença a sua esfera íntima.

APOSENTADORIA POR INVALIDEZ

Julga-se viável um percipiente de aposentadoria por invalidez, inspirado por razões subjetivas, pretender obter a condição de desaposentado. Pressupondo-se a concessão legítima, evidentemente ele não poderá voltar ao trabalho na iniciativa privada ou no serviço público (porque incapaz).

A desaposentação de uma aposentadoria por invalidez não se confunde com o cancelamento deste benefício; se a pessoa readquiriu a aptidão para o trabalho impõe-se o seu término.

PREVIDÊNCIA COMPLEMENTAR

Cenário em que abdicação mais simples é o da previdência complementar, situação de um participante assistido que voltou ao trabalho, reingressou na EFPC, devolveu o que recebeu, continuando a verter contribuições e, por último, afastou-se definitivamente do trabalho. Mas, claro, tudo isso tem de estar devidamente convencionado no Regulamento Básico da entidade.

Capítulo 22

VOLTA AO TRABALHO

A volta ao trabalho do aposentado é um fenômeno social, uma realidade integrante da previdência social brasileira. Não deixa de ser uma excrescência científica, devida à incompreensão individual e social do significado da proteção social, dos baixos salários e consequentes aposentadorias em um regime que ainda permite aposentação precoce.

A maior parte das pessoas visando a melhorar sua renda mensal, acaba fazendo o mesmo, recebendo menos, subtraindo postos de trabalho dos mais jovens, terá de ser repensado.

APOSENTADORIA ESPECIAL

De modo geral é vedado o retorno às atividades insalubres, mas não às penosas ou perigosas (*sic*) de quem obteve a aposentadoria especial. Vedação um tanto irreal para quem se aposentou tão jovem e possivelmente por isso não venha sendo fiscalizado.

APOSENTADORIA POR INVALIDEZ

Este é um assunto muito mal cuidado na prática da previdência social, em que o jeitinho brasileiro prevalece. Quem recebe esse benéfico está impedido de voltar ao trabalho (se não tem alta médica).

Se o aposentado se sente melhor, o correto é submeter-se à perícia médica e, somente então, retornar ao labor.

VEDAÇÃO NO RPPS

É menor no serviço público por conta da natureza do vínculo laboral entre o Estado e o trabalhador, as figuras administrativas de cargo e função e desfazimento da relação laboral com a aposentação.

Num regime próprio, *ex vi* da remissão ao RGPS, o entendimento é que jubilado pela aposentadoria especial também não poderia voltar ao trabalho como estatutário nem como celetista, já que a razão de ser da proibição é a mesma.

Diante do descumprimento dessas normas, caberá ao órgão gestor suspender o pagamento das mensalidades da aposentadoria especial e se for o caso, cancelar esse benefício.

REVERSÃO NO DIREITO ADMINISTRATIVO

Com exceção da figura da reversão, de regra, no serviço público não há volta ao trabalho, mas os servidores excepcionalmente referidos na Carta Magna poderiam tomar posse no mesmo cargo em outro RPPS.

Se um médico ou ocupante de carro técnico ou científico alegou a inospitalidade do seu primeiro ambiente de trabalho para se jubilar, não tem sentido vir a exercer atividade que o sujeite aos mesmos agentes nocivos.

ATIVIDADE PRIVADA

Ausente uma norma de superdireito que cubra o RGPS e o RPPS, o cenário começa a se alterar quando essa volta se der na iniciativa privada e resulta o mesmo impedimento.

Ao contrário, também não se pode pensar num trabalhador percipiente da aposentadoria especial do RGPS que faça concurso, tome posse e venha a prestar serviços numa repartição pública exposto aos mesmos agentes nocivos.

BENEFÍCIOS DEVIDOS

Quem volta ao trabalho somente faz jus a reabilitação profissional e ao salário-família, dois benefícios de difícil realização nessa altura da vida, valendo lembrar que o aposentado que não voltou ao trabalho também tem direito ao salário-família, a ser pago diretamente pelo INSS.

ASPECTOS PESSOAIS DA VOLTA

A volta ao trabalho do aposentado é o adiamento da decisão de não mais trabalhar e pode servir para acumular certa reserva financeira, obrigando esse aposentado a educar-se no sentido de fazer uma pequena economia. Fora disso não tem sentido, porque mais cedo ou mais tarde terá de viver com a aposentadoria.

Capítulo 23

SALÁRIO-FAMÍLIA

O direito ao salário-família dos aposentados não é muito conhecido e deve ser divulgado.

DEFINIÇÃO DO BENEFÍCIO

O salário-família é um benefício devido aos segurados que recebam remunerações abaixo de R$ 810,18 (em 2010) e que têm filhos menores de 14 anos ou inválidos estudando (frequentando a escola) e anualmente submetidos à vacina obrigatória.

QUEM TEM DIREITO

Essa regra vale para os empregados e avulsos ativos, portanto, trabalhadores de baixa renda. Os empregadores e os OGMO (dos portuários) pagam o benefício juntamente com a remuneração do segurado e deduzem o valor na guia da previdência social.

DIREITO DOS APOSENTADOS

O art. 18, § 2º, da Lei de Benefícios diz que os aposentados que continuarem no serviço anterior ou retornarem ao trabalho na mesma empresa ou em outra, fazem jus ao salário-família (além da reabilitação profissional).

Assim, embora não seja comum devido a idade das pessoas jubiladas, quem está recebendo esse benefício e se aposenta continua com o direito desde que atenda os requisitos legais, principalmente, ter filhos menores de 14 anos.

APOSENTADORIA POR INVALIDEZ

No caso da aposentadoria por invalidez isso é bastante comum, ou seja, pessoas maduras que têm filhos.

APOSENTADOS SEM VOLTAR AO TRABALHO

Mas, e os simplesmente aposentados, aqueles que não voltaram ao trabalho, mas mantêm esses filhos nas condições legais?

Diz o parágrafo único do art. 65 da mesma Lei de Benefícios, que os aposentados por invalidez ou idade ou outras aposentadorias com mais de 65 anos (homens) ou 60 anos (mulheres) têm direito ao benefício.

Em razão de o parágrafo único subordinar-se ao *caput* dos artigos, entende-se que esses jubilados são os empregados e os avulsos. Não estranharíamos imaginar-se que o legislador falaria dos demais segurados. Entretanto, julgamos que essa subordinação científica persiste.

DEVEDOR DA OBRIGAÇÃO

Sem prestar serviços, resta saber quem lhes pagaria a prestação mensal.

A nosso ver, será a APS local, o segurado teria de ir todo mês à Agência do INSS, ou a autarquia faria depósitos juntamente com a aposentadoria. Como fazem as empresas em relação aos empregados e avulsos.

DOCUMENTAÇÃO NECESSÁRIA

Para isso, quem se sentir com o direito, deve juntar a documentação:

a) certidão de nascimento;

b) atestado de vacinação obrigatória,

c) comprovação semestral da frequência à escola; e

d) carta de concessão do benefício ou holerite das mensalidades da aposentadoria.

VALORES DE 2011

Atenção, aposentados, os valores de 2011 são:

Quem ganha até R$ 573,58 .... R$ 29,41

Quem ganha de R$ 573,59 até R$ 862,11 .... R$ 20,73

Capítulo 24
INATIVIDADE DOS DIFERENTES SEXOS

Os homens e as mulheres aposentam-se diferentemente. Ainda que antes tenham exercido a contento as atividades profissionais, comumente as mulheres assumem encargos domésticos superiores aos dos homens, configurando a chamada dupla jornada. Sem falar na maternidade.

Este cenário está se modificando progressivamente, sobrevindo lentamente alguma igualdade dos sexos, mas ainda é relevante o número de homens que insistem em viver como no passado. Não vai dar certo.

Os homens mais velhos têm de saber que devem ajudar nos cuidados da casa, preferivelmente fazendo aquilo que apreciam, que sabem ou que podem fazer. E até do que não gostem. Caso contrário, vão tornar um inferno uma relação que, nessa altura, não precisa disso.

Ainda que desequilibrado a favor do varão, a divisão do trabalho doméstico consegue diminuir em parte os ônus da mulher e isso precisa ser considerado, cobrado e divulgado. Se não der mais trabalho do tempo em que quando estava ativo, já é um grande bem.

Se tudo der certo, é uma coisa bonita ver casais de idosos dentro de um ônibus viajando pelo Brasil a fora na direção de um hotel, fazenda, pousada ou colônia de férias.

APOSENTADORIA DOS HOMENS

Os segurados do sexo masculino, que passam o dia todo fora de casa não costumam se dar bem quando deixam o emprego e têm de conviver diuturnamente com os familiares.

À evidência, eles preferem a companhia dos colegas do trabalho, amigos do clube e de outras atividades de homens.

Todas as mulheres têm de entender isso como sendo parte do talhe dos seus companheiros desenvolvido ao longo do tempo como um subproduto do machismo militante. Sabendo que possivelmente as culpadas são as mães deles não devem tentar repetir isso com os filhos.

Às vezes, eles se afastam de um serviço e agora têm trabalho. Muitos deles receiam o tempo livre, o qual deverá ser ocupado com atividades desagradáveis para eles. Um segurança da Maternidade de Campinas me disse que o tempo não passa para quem não tem o que fazer.

O certo é dividir essas novas obrigações com as possíveis delícias da inatividade. Julgarem que já fez tudo o que deveriam, é um grande erro; compraram o direito de não fazer nada, mas isso é relativo quando têm uma família.

Está na hora de aprender a trocar o botijão de gás, saber como levar o lixo lá para fora, dar banho no cachorro, pagar contas...

JUBILAÇÃO DAS MULHERES

As mulheres empreendem a jubilação com mais galhardia que os homens. Embora sofram também com o afastamento do ambiente de trabalho, elas acabam enfrentando muitos afazeres para o dia a dia.

Mas algumas delas, ainda que viúvas, não se aposentam e não gostam de ter de pilotar o fogão.

Têm uma natureza melhor adequada para continuar a fazer alguma coisa, principalmente externa, ajudar os outros, frequentar cursos e viajar.

INATIVIDADE DOS VIÚVOS

Os viúvos padecem com essa condição. Por isso são raros os homens que permanecem sozinhos. Quando podem, eles tendem a se casar logo ou a se unir novamente; não sabem viver sós ou enfrentar os encargos da casa.

Maria Luiza Paulozzi Benfatti considera que a viuvez "é uma situação que está inserida, geralmente, na última etapa do ciclo vital e com ela fica caracterizada a dissolução da união do casal. Ela pode ser vista como perda natural, passando o outro cônjuge pelo luto e reconstituindo nova maneira de viver; como amputação, se o viúvo manteve durante a vida matrimonial uma relação de dependência; ou ainda como libertação, no caso de o casal ter mantido uma relação de submissão e autoritarismo. Portanto, a viuvez tem muito a ver com o relacionamento que o casal manteve durante os anos de união" (O impacto da aposentadoria nas relações familiares. In: *Preparação para aposentadoria.* São Paulo: LTr, 2001. p. 142).

Diante do número elevado de aposentados velhinhos que estão se casando com moças jovens e julgando que isso acontece porque os familiares dos aposentados estão pensando na pensão por morte, em 2011 o MPS cogitava de limitar esse direito.

A questão é complexa e cada caso é um caso, reclamando bastante sabedoria do legislador. Exceto nas situações de evidente fraude, simulação de casamento ou má-fé, o direito dos viuvinhos de se unirem é justo, lógico e constitucional. É preciso reconhecer que eles somente encontram essas parceiras cuidadoras, porque tem como compensá-las.

A VELHICE DAS VIÚVAS

Já dissemos que as mulheres vivem melhor sozinhas que os homens. Até porque para sobreviver é preciso comandar o dia a dia de uma casa e elas têm mais experiência que os homens. Sem falar que excetuadas algumas "doenças de senhoras", elas são mais saudáveis do que foram os seus maridos.

PESSOAS QUE VIVEM SOZINHAS

A solidão é um caso particular da velhice e da aposentadoria. Quando recebem as visitas dos filhos e dos netos, se têm condições de viajar ou de se movimentar, fazer alguma coisa, os solitários conseguem ludibriar os efeitos deletérios da solidão.

Repetimos: Arthur da Távola dizia que quem tem vida interior não padece de solidão, logo é preciso desenvolver atividades que possam suprir a ausência de amigos e parentes.

Ler, assistir velhos filmes na TV a cabo (sem se tornar um fanático sedentário), navegar na internet, fazer visitas, etc., torna mais palatável esse momento da vida.

Quase todas as cidades têm concurso de contos, crônicas e poesias. E agora é bem mais fácil escrevê-los no computador, editá-los e distribuí-los com pequenas edições.

JUBILADOS SAUDÁVEIS

A aposentação dos que têm saúde é um rico momento da vida. Libertadores da obrigação e do dever de trabalhar subordinado ou mesmo independente, podendo dispor de algum recurso previdenciário, eles podem exercer o *ocium cum dignitat* como realmente foi concebido pelos idealizadores da previdência social.

Rosa Maria Paulina criou o *Futuro sob Medida*, um programa para os anos venturosos do aposentado saudável e com condições (*Página inicial*, à disposição na internet).

A saúde é muito importante e sua preservação deve ser o principal objetivo da jubilação. Higidez física, psicológica e social.

APOSENTADOS DOENTES

Bem, não há muita diferença entre doentes e doentes aposentados, exceto a falta de recursos para os tratamentos médicos. Dependendo do tipo de enfermidade, além da procura incessante da cura ou redução dos agravos, é muito triste que o afastamento do trabalho tenha de conviver com esse cenário indesejável: a falta de saúde.

Resumindo as recomendações de vários autores é possível eleger alguns critérios:

a) Consulte periodicamente o seu médico. Os cânceres da mama e da próstata têm cura em 95% dos casos, se descoberto em sua fase inicial.

b) Se necessário, mude os seus hábitos alimentares (com certeza consuma mais saladas, verduras, sopas à noite e a diminuição do sal e do sódio são bem-vindos).

c) Faça exercícios compatíveis com a idade, caminhe sempre que possível, 30 minutos por dia, isso é absolutamente necessário. Se puder, compre uma esteira para os dias de chuva.

d) Com moderação procure adquirir e gostar de um bom vinho. Lembre-se que vinho tem açúcar e álcool, o bom é tinto seco (se possível, português, espanhol ou italiano — hoje em dia não custam tão caros).

e) Se fuma, pare de fumar imediatamente; não quero saber se é difícil. Somente em casos excepcionalíssimos, o prazer de fumar é compatível com a idade avançada e essas hipóteses remotas não devem ser desculpa dos outros.

f) Cuidado com o sol, use chapéu grande e protetor solar. O ideal é um *sombrero* mexicano e camisas com mangas compridas.

g) Cuidado com o frio; agasalhe-se, especialmente no inverno. Procure não se resfriar, envie locais fechados, aglomerações, lugares sem ventilação.

h) Sendo mulher, faça exames ginecológicos e densiométricos e verifique a pressão habitualmente; sendo homem, cuide da próstata, da diabetes e do colesterol.

i) Durma bastante num quarto silencioso e bastante escuro.

j) Não abuse da automedicação. Nada de médico e louco todos temos um pouco...

k) Vacine-se regularmente.

l) Avalie periodicamente a sua pressão e temperatura.

m) Cuidado para não cair, especialmente no banheiro, mande instalar corrimões na casa toda.

n) Procure saber das doenças assintomáticas.

o) Recorde-se do que o seu pai e o seu avô sofreram.

SITUAÇÃO DOS DEFICIENTES

Segundo o Correio Braziliense, a Câmara dos Deputados deverá votar um Projeto de Lei Complementar de autoria do Deputado Federal Marcelo Ortiz, que ali tramita há cinco anos. Conforme esse noticiário, 100 mil pessoas seriam atingidas pela norma, entre as quais os portadores da Síndrome de Down. O estudo não ignora que a esperança média de vida dessas pessoas era de 30 anos em 1980 e chegou a 60 anos no ano 2000.

Essa proposição trata de uma aposentação antecipada para os portadores de deficiência. O novo período de trabalho exigido menor será proporcional à gravidade da incapacidade para o trabalho.

É preciso pensar em ajustar essa redução do tempo de contribuição com o fator previdenciário; caso contrário, o direito ao benefício emerge antes, mas o montante resta pequeno em comparação com a média salarial.

A redução deveria ser determinada apenas para a definição do direito e compensada, como sucede com a mulher e o professor, quando do cálculo do tempo de contribuição para a fixação do fator previdenciário.

De acordo com a lei, as empresas são obrigadas a contratar portadores de deficiência e, aliás, o vêm fazendo com sucesso. Isso diminui as discriminações contra essa minoria, que representa cerca de 10% da população.

Atualmente, quando de agravamento, os deficientes têm direito à aposentadoria por invalidez, que lhes impede a volta ao trabalho e que depende de perícia médica.

Carece lembrar que, de modo geral, quem ingressa inapto para o trabalho na previdência social não faz jus às prestações por incapacidade, mas teriam direito à aposentadoria por idade.

Essa boa ideia assemelha-se a de Jefferson Rodrigues Feitosa, de São João da Boa Vista/SP, que defende um acréscimo de 25% da aposentadoria por invalidez para os idosos que necessitem da ajuda de terceiros. Efetivamente muitos aposentados por idade, principalmente setuagenários, octogenários e até nonagenários estão presos ao leito domiciliar (Ofensa ao princípio da isonomia no art. 45 da Lei n. 8.213/1991. In: *Jornal do 29º CBPS*, São Paulo: LTr, 2010. p. 28/31).

Essas e outras medidas que vão se revelando necessárias com o passar do tempo são bem-vindas. Ainda que elas tenham certo viés assistenciário, são prestações com caráter previdenciário e, em razão disso, devem se submeter aos princípios da previdência social.

Voltando ao tema, não será difícil ao matemático do MPS, tomando ciência de que são cerca de 100 mil pessoas com potencial direito a essa vantagem e que a expectativa média de vida é de aproximadamente 60 anos (abaixo do índice dos demais segurados), estabelecer qual a fonte de custeio necessário para cobrir essas novas despesas.

Espera-se que o legislador seja sábio e defina com suficiente clareza quais são esses portadores de deficiência que fazem jus a antecipação da aposentadoria.

O Conselho Municipal de Direitos da Pessoa com Deficiência do Município de Vinhedo alerta sobre os exercícios dos deficientes, a que chama de Atividade Física Adaptada, definindo-a como a "provisão de adaptações às práticas esportivas, aos ambientes sociais e físicos, aos equipamentos, às regras e outros fatores de modo a permitir aos indivíduos que tenham as condições limitantes o desenvolvimento de um estilo de vida ativo, através da participação em atividades físicas" (*Jornal de Vinhedo*, Vinhedo, 23.10.2010. p. B-9).

ÓCIO DOS TRANSEXUAIS

A aposentadoria por idade dos transexuais reclama alguns esclarecimentos.

Casado com a senhora Joy Timbrell há 42 anos, com dois filhos o inglês Chistopher Timbrell submeteu-se à cirurgia de transexualização e, de homem passou a ser mulher. Essa operação aconteceu dois anos antes e, agora, com 60 anos de idade resolveu pedir a aposentadoria por idade ao Departamento de Trabalho e Pensões da Inglaterra.

Assim como no Brasil, de regra, os ingleses têm esse benefício com 65 anos de idade; as mulheres cinco anos antes. O órgão oficial negou sua pretensão; ele recorreu ao Poder Judiciário com a advogada Marie-Eleni Demetriou e obteve o direito de se aposentar como sendo mulher (*sic*).

A transexualização vem sendo praticada há cerca de 40 anos nos Estados Unidos, principalmente atendendo homens que desejam se tornar mulheres.

Como recomendado, antes da cirurgia propriamente dita, esses pacientes têm de se submeter a um severo tratamento psicanalítico, terão de conviver com um organismo distinto daquele a que estavam acostumados e a transformação carece de ser operada principalmente em termos fisiológicos e psicológicos.

No Brasil não são muitos os casos e por isso a Previdência Social ainda não teve de enfrentar a questão. Quando suceder é possível que tenha de se aprofundar em questões antropológicas relevantes, aspectos jurídicos inusitados e formais.

Nossa aposentadoria por idade é deferida à mulher, trabalhadora rural ou urbana, cinco anos antes que a dos homens. A aposentadoria por tempo de contribuição também ocorre um lustro precedente e o fator previdenciário conta com uma ajuda para os segurados do sexo feminino (cinco anos no tempo de contribuição).

A razão disso se perde no limbo do tempo, possivelmente por conta da fragilidade muscular, dupla atividade e maternidade da mulher.

Tecnicamente, no Direito o assunto transexualização é novo e tanto quanto o da união homoafetiva está destinado à polêmica, perdurando por algum tempo. No caso desse inglês, note-se que praticamente ele viveu como homem até os 58 anos de idade, casando-se, tendo filhos, etc. (embora pudesse ter se sentido mulher a vida toda). Mas, para efeito da previdência social, quando requereu o benefício, era juridicamente uma segurada.

Sem estudos antropológicos, psicológicos e sociológicos, o tema poderá avançar sem embasamento técnico, criando enormes dificuldades interpretativas. Em 2011, será preciso saber se se justifica a distinção dos sexos para que as mulheres transexualizadas se tornem segurados e para os homens transexualizados serem entendidos como seguradas.

Capítulo 25

APOSENTADOS IDOSOS

Devido a sua condição física, e às vezes psicológica, à faixa etária em que vivem e ao comportamento da sociedade, só recentemente os idosos foram considerados uma minoria a ser socialmente protegida, destacando-se institucionalmente o que se convencionou chamar de direito dos idosos.

À evidência, que abrange e se confunde com a pretensão de muitos dos aposentados.

Eles, especialmente por velhice, comumente com idade avançada, os idosos justificam considerações técnicas sobre a sua inatividade.

DEFINITIVIDADE DAS PRESTAÇÕES

As prestações previdenciárias, entre as quais e principalmente as aposentadorias, são definitivas. Exceto após manifestação expressa, livre e consciente do titular do direito, ou seja, quando regular, legal e legitimamente deferidas, elas não podem ser afetadas pelo órgão gestor.

Esse é um direito substantivo básico, principal e necessário dos beneficiários da previdência social.

Concedidas, durante sua manutenção, dentro do prazo legal de dez anos, se apurada alguma irregularidade essencial, somente por intermédio do devido processo legal e com a observância do amplo direito de defesa e o contraditório, administrativa e judicialmente, as mensalidades podem ser suspensas e, se for o caso, numa circunstância remota, canceladas.

A definitividade é um direito constitucional assegurado legalmente para não ter de depender do humor do administrador e com fulcro no entendimento de que os pagamentos têm caráter alimentar.

Descoberto que foram indevidos, uma vez que a Administração Pública é quem instruiu o procedimento e o despachou, não haveria a restituição do valor pago.

ESTATUTO DO IDOSO

A questão vinha chamando a atenção da sociedade e no dia 1º de outubro de 2003 foi editado o Estatuto do Idoso. Nesse documento são fixados os princípios protetivos, algumas prioridades inerentes aos abrangidos pela terceira idade, nova definição do benefício de pagamento continuado (LOAS) e, o que é relevante, assegurados juridicamente os direitos à saúde, à assistência social e à previdência social (*Comentários ao estatuto do idoso*. 3. ed. São Paulo: LTr, 2011).

PLANOS DE SAÚDE

Uma questão celebérrima diz respeito à assistência à saúde, não só a assistência pública propiciada pelo SUS como o atendimento ensejado pelos planos de saúde particulares.

Este é um grande problema que obriga o Estado a repensar as soluções todo o tempo, uma vez que as necessidades imperiosas determinadas pelo crescimento da expectativa de vida estão suplantando a capacidade dos idosos de financiarem o atendimento.

Os custos médicos sobem de 6% a 7% anualmente e com eles as mensalidades dos planos de saúde. Viver mais tem um custo pessoal e governamental cada vez maior e esse é um problema tão relevante quanto o da previdência social.

No nosso modo de ver todas as atividades podem ser privatizadas (e alguma divididas na parceria público-privada), mas a previdência, a assistência social e as ações de saúde deveriam manter-se nas mãos do Estado, ainda que este se utilizasse as reconhecidas técnicas da iniciativa privada.

Procure saber do seu direito à manutenção do plano de saúde conveniado com a empresa.

Fora da hipótese da justa causa (o que para nós institucionalmente é discutível e um anacronismo jurídico), esse plano de saúde conveniado deve permanecer pelo menos por seis meses.

Segundo Lucia Helena Magalhães, da Fundação PROCON/SP: "Como se trata de um contrato que comporta um número significativo de conveniados, as empresas têm um poder de negociação maior com a operadora e acabava determinando algumas específicas" (*Kravchychyn* — Advocacia e Consultoria, disponível na internet).

Para os aposentados, cada ano de pagamento do plano corresponde um ano de benefício durante a aposentadoria.

CUIDADOS MÉDICOS

Independentemente da atenção estatal, os idosos fazem jus a atenção médica propiciada pela iniciativa privada, constituindo-se em um dos principais direitos concebidos pela Carta Magna.

Isso significa serem recepcionados com preferência nos prontos-socorros públicos e privados, e distinguidos com atenção especial por atendentes, enfermeiros, paramédicos e médicos.

PRIORIDADE NOS ATENDIMENTOS

A lei assegura atenção distinta para os aposentados (porque são idosos), em todos locais públicos, e preferências no andamento dos seus processos na Previdência Social.

Para isso, nos requerimentos e nas petições iniciais, ele deve fazer prova da sua idade.

Pena que a maioria dos pedidos seja constituída de idosos; no máximo, a prioridade é do mais idoso em relação ao menos idoso.

TRANSPORTE NO METRÔ

O Metrô de São Paulo emite bilhete especial para os idosos com mais de 65 anos de idade e reserva lugares para eles.

Um dia, quem sabe, as escolas vão ensinar aos mais jovens que eles podem se sentar nesses bancos se não tiver idosos no vagão. Mas, entrando um deles...

TRANSPORTE NOS ÔNIBUS

As empresas são obrigadas a ceder duas passagens gratuitas nos ônibus interurbanos, preferência na acomodação, ajuda para guardar as malas e pacotes, etc.

INGRESSO NOS ESTÁDIOS

Deve ser facilitado o ingresso dos mais velhos nos estádios, ginásios e locais onde se realizam eventos públicos. Hoje em dia, nesses locais, é recomendável a presença de uma ambulância para dar os primeiros atendimentos propiciados por socorristas, paramédicos e médicos.

VAGA NOS ESTACIONAMENTOS

Normas específicas ditam sobre as vagas específicas para os idosos nos estacionamentos de modo geral e especialmente nos supermercados.

REVISÃO DE CÁLCULO

Dentro do prazo legal de dez anos, caso o aposentado descubra que o seu benefício não foi corretamente calculado ou venha sendo mantido, juntando as provas ele pode solicitar a revisão do cálculo.

INCORPORAÇÃO DE NOVAS CONTRIBUIÇÕES

Os aposentados por idade, por tempo de contribuição e o professor podem voltar ao serviço; o trabalho é vedado para quem recebe aposentadoria por invalidez e o percipiente da aposentadoria especial não pode operar em áreas insalubres.

Desde 15.4.1994 não existe mais o pecúlio e as contribuições obrigatórias vertidas após essa data não podem ser aproveitadas para revisão de cálculo da renda mensal inicial do aposentado que retornou ao trabalho em razão de impedimento legal.

TRANSFORMAÇÃO DO BENEFÍCIO

Aposentado, com as mensalidades do benefício mantidas, se nessas condições o segurado preencher os requisitos de outra prestação, a ela faz jus.

O percipiente da aposentadoria por invalidez ou da aposentadoria especial, que tem limitadas possibilidades jurídicas e práticas de voltar ao trabalho, quando reúne os pressupostos da aposentadoria por idade ou por tempo de contribuição, tem o direito de obter esse novo benefício.

POSSIBILIDADE DE DESAPOSENTAÇÃO

A desaposentação pode ser definida como uma renúncia às mensalidades de benefício regular, legal e legitimamente deferido e mantido, e concessão (ou não) de outro benefício pelo regime emissor ou receptor da CTC, contando com as contribuições vertidas após a primeira aposentação.

IMPORTÂNCIA DA INFORMAÇÃO

Faz parte dos deveres do INSS, matéria já sumulada desde 1973, a obrigação de orientar os beneficiários e, em particular, os aposentados. Esclarecê-los sobre os seus direitos previdenciários.

ASSISTÊNCIA DA OAB

É muito importante, meritória e absolutamente necessária a atenção que a Defensoria Pública do Estado e a OAB dedicam àqueles aposentados que não têm condições de contratar profissionais, ministrando gratuitamente informações aos beneficiários. Consoante convênio de assistência judiciária são prestadas informações relativas às relações entre os segurados e o INSS.

Na Comissão de Defesa do Doente Mental e da Pessoa Idosa também são prestados serviços de atendimentos aos necessitados

DELEGACIA DO IDOSO

Na cidade de São Paulo já funciona uma Delegacia do Idoso, tal prática tem de ser estendida a todas as capitais e metrópoles deste Brasil.

EXERCÍCIO DOS DIREITOS

Aposentado: não tenha vergonha de exercer os mínimos direitos de sua idade. Claro, se na fila dos idosos existirem pessoas mais velhas estas têm preferência sobre você.

Essa prática assemelha-se a função dos órgãos do corpo humano; se não utilizados eles atrofiam.

CAMINHÃO VELHO

Se for verdade o que aconteceu no INSS (é difícil de acreditar na notícia) e a divulgação se deve ao fato de que a ofendida foi aos tribunais, é melancólico registrar um tratamento desumano de que foi vítima uma senhora idosa, quando da perícia médica.

Crê-se que a examinadora também estava precisando de cuidados médicos: ela chamou a segurada de caminhão velho e a autarquia foi condenada a pagar a vultosa importância de R$ 10.000,00 (*sic*) a título de danos morais (Proc. n. 2005.63.10.000724-0, da 5ª Turma do Juizado Especial Federal da 3ª Região, decisão de 20.8.2010. In: *Repertório de Jurisprudência IOB*, da segunda quinzena de out./2010. p. 656).

Capítulo 26

SERVIDORES CIVIS E MILITARES

Embora a legislação previdenciária possa ser distinta em alguns aspectos, o jubilamento dos servidores civis e militares não é muito diferente da apo- sentadoria dos trabalhadores da iniciativa privada.

Normalmente a proteção social daqueles obreiros públicos está contemplada diretamente na Constituição Federal.

Muitas referências úteis podem ser encontradas no Estatuto do Servidor Público Civil da União (*Reforma da previdência social.* São Paulo: LTr, 2004).

REFORMA DA PREVIDÊNCIA SOCIAL

A partir de 16.12.1998 a aposentadoria dos servidores começou a sofrer modificações, que continuaram em 2003 e 2005, com sucessivas emendas constitucionais.

Hoje, existem vários grupos de servidores com distintos cenários, entre os quais aqueles que adquiriram o direito antes de 17.12.1998 e de 31.12.2003.

A Fundação ANFIP de Estudos de Seguridade Social publicou um livro em que trata dos regimes próprios e reproduz praticamente toda a legislação (*ANFIP*, Brasília, 2007).

TIPOS DE SERVIDORES

O universo dos trabalhadores que prestam serviços aos órgãos públicos — por ora excepcionados os parlamentares e os agentes políticos exercentes de mandato eletivo — é composto dos seguintes obreiros: a) servidor titular de cargo efetivo, também chamado de estatutário; b) empregado público, contratado pela CLT; c) servidor ocupante de cargo em comissão (na direção, chefia e assessoramento); d) servidor admitido para "cargo temporário".

APOSENTADORIA ESPECIAL

A aposentadoria especial dos servidores continua estagnada, em compasso de espera, desde 5.10.1988 (!).

Ainda não foi regulamentada, obrigando os titulares do direito a se socorrerem ao Poder Judiciário com mandados de injunção. E o benefício a ser concedido terá de ser muito semelhante ao do RGPS (*Aposentadoria especial do servidor.* São Paulo: LTr, 2011).

CONTAGEM RECÍPROCA

O tempo de serviço prestado na iniciativa privada, por intermédio da Certidão de Tempo de Contribuição (CTC), pode ser somado ao tempo de serviço público.

O tempo especial, de exposição aos agentes nocivos insalubres, ainda não são considerados pela Administração Pública. Pende de regulamentação por lei complementar, caso da aposentadoria especial.

PARIDADE ENTRE VENCIMENTOS E PROVENTOS

De modo bem geral, a paridade significa uma relação jurídica entre servidores ativos e inativos, referente à repercussão das parcelas que compõem os vencimentos nos proventos e que vigeu plenamente até as alterações havidas na legislação do servidor civil.

É perceptível que lentamente a jurisprudência vem restabelecendo essa relação apenas observando, nos termos constitucionais, que farão parte dos proventos os valores que se prestaram para a contribuição.

TETO DOS SERVIDORES

Exceto no caso do direito adquirido, a remuneração e os proventos dos servidores submetem-se a um limite máximo constitucional, que vem sendo majorado todo o tempo e atualmente é de mais de 26 mil reais.

CONTRIBUIÇÃO DOS INATIVOS

Em 1999 foi introduzida a contribuição previdenciária dos inativos, uma solução arbitrária que conflita com a dispensa de contribuição dos trabalhadores da iniciativa privada dos aposentados.

Atualmente, há um grande empenho do Congresso Nacional em rever essa legislação, pois é destituído de sentido uma contribuição sem finalidade, mas somente com emenda constitucional ela pode ser revista.

ABONO DE PERMANÊNCIA

Presentemente, quando o servidor completa os requisitos legais para a aposentadoria ele fica dispensado de contribuir.

Seus proventos passam a ser de 100% dos vencimentos, mas uma vez deferido o benefício e jubilado o servidor, ele recebe 89% (*sic*).

DISPONIBILIDADE REMUNERADA

No serviço público subsiste a figura de servidor afastado do serviço, designada como um período de disponibilidade. Não há prestação de serviços, mas o pagamento da remuneração.

Na condição de espécie de licença, embora assemelhada, ela não deve ser confundida com a aposentação.

Aproveitamento é o nome que se atribui a volta ao trabalho do servidor posto em disponibilidade, que não se confunde com a reversão.

Já a disponibilidade ocorre quando da reorganização ou extinção de cargo ou entidade, extinção do cargo em relação ao servidor estável que não foi distribuído.

AFASTAMENTO DOS MAGISTRADOS

A legislação prevê uma forma de aposentação compulsória punitiva para os magistrados, que são afastados do cargo depois de apurada sua responsabilidade.

Esse instituto é bastante criticado pelos doutrinadores que veem nesse tipo de prestação uma vantagem para quem cometeu um ato ilícito.

CASSAÇÃO DA APOSENTADORIA

Diz o art. 134 do ESPCU que será cassada a aposentadoria ou a disponibilidade do inativo que, durante a atividade, praticou falta punível com a demissão.

Rigorosamente, não há cassação de aposentadorias, o que é impossível. Diante do ilícito a aposentadoria era ilegítima e por isso pode ser desfeita, o que é outra coisa.

COMPLEMENTAÇÃO PÚBLICA

A Constituição Federal criou um tipo de fundo de pensão público, embora submetido às regras da previdência privada, que complementará os benefícios dos servidores que ganham acima de certo patamar.

MILITARES DA RESERVA

Os militares têm praticamente as mesmas aposentadorias e podem ser reformados ou postos na reserva (que é uma forma de disponibilidade).

Capítulo 27
DIREITO AO LAZER

Uma coisa bastante natural, relaxar ou folgar, isto é, desfrutar o lazer, começou a intrigar e a suscitar reflexões no âmbito do Direito Previdenciário há bem poucas décadas. Esse fenômeno individual e social despertou o interesse de sociólogos, médicos e especialistas em terceira idade, em razão da crescente inatividade presente, acabando por se aproximar de outros aspectos da aposentação na previdência social.

Celso Barroso Leite registra um livro de Paulo Novaes: "O que fazer quando não se tem o que fazer" (*O século da aposentadoria*. São Paulo: LTr, 1993. p. 96).

CONCEITO SUCINTO

Os dicionaristas costumam ter o lazer como um período de inatividade, vale dizer, de despreocupação, isto é, desocupação, lapso de tempo dedicado ao descanso, folguedo ou ócio mesmo. Mas também é encarado, comissivamente, o exercício de atividades lúdicas, apreciação artística (música, teatro, cinema, televisão e outras mais), viagens, enfim, ideias oblíquas e não necessariamente opostas ao labor.

Se trabalhar é fazer, o lazer não é, necessariamente, nada fazer; ele abriga esforços físicos compatíveis capazes de dar satisfação, como o esporte semanal, ginásticas e mesmo algumas práticas radicais.

É preciso distinguir o lazer do não ter de trabalhar, especialmente a concepção jurídica aí presente. Simples inação pode não se consistir em recuperação de energias, e o lazer não ser apenas período de reposição da aptidão para o serviço, uma ação positiva de fruição gratificante de algum movimento.

a) Necessidade da criança de brincar — Durante a infância e aproximando--se da adolescência, além do estudo obrigatório, coaduna-se com a criança o não ter ocupação fixa, fora das obrigações domésticas, restando a maior parte das horas para se divertir. É um período descompromissado com deveres, durante o qual o vazio é desfrutado com afazeres, agradáveis e imprescindíveis à formação da personalidade.

b) Descanso do trabalhador — Em razão do desgaste de energias, o traba-lhador carece periodicamente de usufruir de lapsos de tempo sem desgaste profissional, idealizado pelo legislador como os repousos semanais, os feriados e as férias anuais.

c) Lazer do idoso — O lazer do idoso nada tem a ver com o descanso do obreiro, mas uma situação assemelhada à da criança, durante a qual não lhe pode ser exigida dedicação contínua, convindo desfrutar os últimos anos de sua vida sem o ônus de trabalhar e de preferência, consumindo os momentos disponíveis com o devaneio da leitura e a convivência com amigos, os passeios e excursões e esforços compatíveis com a idade.

d) Lazer economicamente considerado — Além da ociosidade no âmbito da família ou nas proximidades do lar, a indústria do lazer oferece sem--número de opções para quem quer vivenciar a desocupação.

O turismo preenche espaço extraordinário, oferecendo muitíssimas opções, não só para trabalhadores em férias, como para aposentados e pensionistas.

e) Definição de lazer — O lazer, marcado pela inatividade, ele não significa, necessariamente, oposição ao trabalho; pode implicar movimento físico duradouro, com a particularidade de propiciar satisfação ao executante.

Lazer é um período da vida do homem, por imposição da idade, ou seja, infância ou velhice e em razão da perda de energias laborais, durante o qual sua subsistência deve ser mantida por terceiros, geralmente parentes, ou pela seguridade social, sem a necessidade do trabalho, permitindo-lhe gozar a liberdade do ócio com dignidade.

FONTES FORMAIS

Quando começa a mencionar os direitos sociais, a Constituição Federal assegura o lazer como um direito social. Logo a seguir, ao definir o salário mínimo, o inclui como uma necessidade vital básica. Regula também a jornada normal de trabalho, o revezamento, o repouso semanal remunerado, as férias anuais, a licença à gestante, a licença à paternidade e a aposentadoria.

LAZER NO TRABALHO

Do ponto de vista jurídico, o Direito do Trabalho tem capítulo inteiro sobre os descansos do trabalhador, espaços de tempo necessários à recuperação do obreiro.

Para isso, é importante gastar os dias com o lazer.

Em vários dispositivos, a CLT dispõe sobre esses períodos, cuidando do descanso semanal remunerado e tratando das férias anuais.

MODALIDADES MAIS COMUNS

As principais formas de lazer são:

a) esportivas — Compreende a prática no fim de semana e em outras oportunidades;

b) recreativas — Jogos de salão, pescaria, fotografia, música e dança;

c) deslocamentos — Viagens, passeios e excursões;

d) leitura — Jornais, revistas e livros;

e) espetáculos — Cinema, TV e teatro;

f) trabalho doméstico — Jardinagem, afazeres do lar, arrumar coisas, marcenaria, numismática, filatelia e outras coleções;

g) espiritual — Frequentar a igreja, fazer filantropia, praticar o mutirão;

h) descanso propriamente dito — Recuperação do desgaste;

i) familiares — Ocupar-se dos netos, pagar as contas, etc.

APOSENTADORIA COMO EXPRESSÃO

Concebido o lazer como período da vida durante o qual não se deve estar socialmente obrigado a trabalhar subordinadamente ou não (pois o trabalho pode ser forma prazerosa), e poder dispor do seu tempo para fruir a liberdade de fazer o apetecível, ficando a critério do indivíduo como consumir os intervalos livres — mesmo sem a necessária atividade física ou intelectual — a aposentadoria é uma modalidade de lazer.

Interessa ao Estado moderno oferecer as melhores condições e a infraestrutura para que isso aconteça.

Nesse sentido, é preciso compreender a ociosidade do jubilado, não só como pagamento do salário socialmente diferido, mas uma situação alcançada graças ao esforço pretérito, pois o lazer não é gratuito, prêmio, júbilo ou mérito próprio da idade avançada.

A par da desoneração do trabalho, quando a prestação previdenciária assim o permitir, a aposentadoria deve ser suficiente para a inatividade tanto quanto o salário no período de atividade, compensando-se a diminuição de despesas com transporte e representação, eventuais gastos médicos, restando à pessoa a liberdade própria do ocioso.

Socialmente, nestas condições a aposentadoria é um direito, descabendo considerações injuriosas sobre a inatividade do jubilado. No bojo da faculdade ao lazer, compreende-se o direito à inatividade do retirado. Ele está gastando a poupança amealhada, até então indisponível, na época justa para fazê-lo, isto é, quando não detém forças para continuar trabalhando.

PREPARAÇÃO PARA A APOSENTAÇÃO

Dentro do direito ao lazer, compreendem-se estudos e técnicas relativos à passagem da condição de ativo para a de inativo ou de fazer alguma coisa útil. Nos últimos 30 anos, os planos de preparação para a aposentação desenvolveram-se extraordinariamente. Nenhuma experiência psicossocial cresceu tanto quanto essa, partindo de trabalhos originários da CPFL e, mais recentemente, impulsionados pelo SESC, em relação às pessoas da terceira idade.

São práticas médicas, psicológicas, laborais e de entretenimento, voltadas para a pessoa após deixar o emprego ou, mais tardiamente, no caso do empresário/autônomo, o exercício de atividade, visando à adaptação, em razão de certas desobrigações, como transportar-se diariamente para o local do serviço, vestir-se adequadamente à representação, ter de trabalhar, subordinar-se, cumprir rotinas e deveres acessórios, para poder assumir sem traumas a condição de homem livre e desincumbir-se de outras tarefas, muitas das quais domésticas.

Essa preparação visa não só à inatividade pura, caso de pessoas mais idosas, como à atividade pós-aposentação em determinadas circunstâncias, com informações relativas à utilização válida do tempo disponível, de centros de recreações desportivas, clubes de dança, associações de terceira idade, colônia de férias, viagens pelo interior.

BIBLIOGRAFIA NACIONAL

Aos poucos, vai-se ilustrando a bibliografia nacional sobre o lazer, a aposentação, e a respeito da terceira idade e velhice.

A obra clássica no gênero é *Velhice, uma nova questão social*, de Marcelo Antônio Salgado, de 1982. Também é bastante citada a *Como viver feliz os seus 100 anos*, de C. Alzira Lopes, de 1993.

Carlos Emani Palheta Nunes escreveu o *Vamos que já entardece*, e Maria Cristina Nobre Teixeira e Maria Evangelina de Oliveira contribuíram com o *Programa de recém-aposentado*.

Marina Batista de La Veja escreveu *Reflexão sobre a vida e a aposentadoria*. Florianópolis: Papa-livro, 1997.

De Celso Barroso Leite o livro *O século do lazer*, convindo ver, também, o trabalho apresentado ao XIV Congresso Brasileiro de Fundos de Pensão, de 1993: "Como serão os aposentados no ano 2010".

Ana Perwin Fraiman tem várias obras, entre elas: *Nós e nossos velhos; forças que falam, forças que se calam*. Monografia apresentada na USP em 1990; *Para ser um bom avô*. São Paulo: Gente, 1996; e *Coisas da idade*. São Paulo: Gente, 1995.

O LAZER PARA A MEDICINA

O lazer interessa à medicina sob duplo aspecto: a) como fonte restauradora da higidez da pessoa ou de suas energias, fato associado à mudança de hábitos ou a quebra da rotina existencial e b) como *modus vivendi*, isto é, comissivamente, meio de ocupação do indivíduo com tempo disponível.

Para o trabalhador, massacrado pela rotina do dia a dia, o descanso e a alternância de ares são absolutamente imprescindíveis a sua recuperação periódica. Às vezes, o simples distanciamento do local de trabalho, mediante viagens, é suficiente para o reequilíbrio da força perdida. Quando da aposentação, especialmente a aposentadoria por idade, devem ser desenvolvidas técnicas geriátricas e gerontológicas a respeito.

INTERPRETAÇÃO DA MATÉRIA

Para o Direito Previdenciário, à vista das fontes formais, o lazer interessa como instituto jurídico, isto é, conquista constitucional ou legal dos indivíduos. É importante saber em quais circunstâncias pode ser invocado. Obviamente limitado ao seu domínio, pois o tema divide-se com o Direito Laboral (onde presente o direito subjetivo às férias, ao descanso semanal remunerado e outros períodos sem trabalho).

Dá-se exemplo com o direito ao auxílio-doença ou à aposentadoria por invalidez de quem ficou incapaz para o trabalho, por mais de 15 dias, durante o período de fruição das férias anuais. Estas e outras modalidades de repouso devem ser usufruídas com saúde; caso contrário, não cumprem sua finalidade. Contam-se os 15 dias do acometimento da incapacidade, sustando-se as férias a partir de então, devendo o período restante ser usufruído posteriormente (observada a conveniência do empregador).

DIREITO AO LAZER

O direito ao lazer não é juridicamente sistematizado na legislação. Comparece como manifestação do pensamento humano, mas a ele não corresponde ainda área específica do Direito.

Desenvolveu-se no âmbito da previdência social pela similitude de situações entre o inativo e o ocioso. Deve fazer parte da preocupação dos sociólogos em matéria de seguridade social, obtendo consagração jurídica. Afirmá-lo parece redundância e é preciso encontrar utilidade para a conclusão. Saber se se trata de direito subjetivo ou de simples potestade.

O tema não tem ocupado espaço entre os estudiosos sob o enfoque jurídico, dando-se nítida preferência à sua vertente social e psicológica, seu exercício e suas modalidades.

Juridicamente, é faculdade natural do ser humano, a ser reconhecida amplamente pelo direito positivo; poder não se ocupar em determinadas circunstâncias de sua vida. Durante a infância, por inaptidão para o trabalho e ser naturalmente tempo reservado para as distrações e os folguedos, com o papel de restaurador das energias quando dos períodos de trabalho (férias e descansos remunerados). Um legítimo direito de quem contribuiu para a criação das riquezas na aposentação ou ao final da vida de quem dispõe de outras técnicas.

Capítulo 28

PROCESSO DE ENVELHECIMENTO

De modo geral a percepção das mensalidades de uma aposentadoria está associada à idade avançada e, assim, tem íntima relação com o processo de envelhecimento da pessoa.

O italiano costuma dizer que a *vecchiaia é bruta*! E é mesmo. Se cada um de nós não tomar cuidado para vivê-la com alguma dignidade ela pode ser uma terrível fase da vida.

Na verdade, segundo Cícero (106-43 a.C): "Todos desejam chegar à velhice; e quando chegam a ela, acusam-na". Com toda razão...

Esse entardecer da existência é um estágio que perdura no tempo conforme as condições psicológicas de cada um, sua ascendência, idade avançada, modos de vida, modalidade alimentar, prática de exercícios, ausência de estresse e infelizmente os recursos financeiros.

É um processo contínuo e acompanhado da diminuição dos sentidos e fragilidade física, principalmente a força. Implica na mudança de hábitos e isso é sempre difícil.

A medicina anti-aging tem sido um ótimo combate às causas das doenças e não apenas os seus sintomas e deve ser consultada (Palestra de Medicina Anti-Aging, proferida por Paulo Cesar de Freitas Salustiano. In: *Linha Direta*, Brasília, n. 21, 24.5.2010. p. 5).

CONCEITO SIMPLES

O envelhecimento é um processo natural; para alguns exagerados especialistas ele começa quando o ser humano nasce. Trata-se de um fardo físico inevitável, que pode ser retardado, mas acaba chegando um dia. Com a idade avançada a pessoa perde a força muscular, alguns sentidos e o que é principal, no comum dos casos, a saúde. Curioso, mentalmente ela se sente a mesma, às vezes com os mesmos desejos, mas ausente a aptidão de realizá-los.

Carlos Rodrigues da Silva Filho o tem "como a soma de todas as alterações fisiológicas, psicológicas e sociais, que depois de alcançar a idade adulta e ultrapassada a idade do desempenho máximo, levam a uma redução gradual da capacidade de adaptação e de desempenho psíco-físico do indivíduo, aumentando a vulnerabilidade à morte" (Entendendo o envelhecimento: possibilidade de limites para uma melhor qualidade de vida. In: *Preparação para aposentadoria*. São Paulo: LTr, 2001. p. 80).

PROGRAMAÇÃO DO PROCESSO

Um dia você notará que se subir a pé três andares sentirá falta do fôlego que tinha antes. A velhice está se abeirando insidiosamente e é preciso considerá-la.

Chegou a hora de planejar onde deixar as coisas para não as perder. Coloque as chaves sempre no mesmo lugar, que depois você as encontrará. Ao sair de casa, faça uma listinha do que tem de fazer. E não se esqueça de levá-la.

Existem muitos estudos a serem consultados e quase todos eles se referem ao organismo do envelhecente, às relações familiares e às ocupações compatíveis. E delas se podem extrair lições úteis para quem deseja compreender esse fenômeno indesejável, mas natural.

Admitir a chegada de mansinho, desse que não pode ser um inimigo, é o primeiro passo, outros virão.

Claro que falar que é natural não consola ninguém, mas saber é muito útil, mesmo para os saudáveis, que o envelhecimento é um *capitio diminutio*.

VOCÊ É UM ENVELHECENTE?

No seu livro *100 crônicas*, o autor Mario Prata nos ensina a descobrir se estamos na fase da envelhescência (aquela que vai depois da maturidade e antes da velhice) e como ela se assemelha à adolescência (São Paulo: Cartaz, 1997. p. 13).

Assim como os adolescentes, os envelhecentes gostam de meninas de 20 anos. Eles também mudam o tom da voz. Os adolescentes vivem pensando no futuro; os envelhecentes, no passado. Ninguém entende esses dois grupos.

Quando um adolescente tem um filho é precoce, para o seu avô é pré-coce. Os jovens querem aprender a fumar, os velhos a abandonar o vício. Ambos bem escondidos. O adolescente diz que dá três por dia, o envelhecente todo dia três.

NÍVEIS DE AMADURECIMENTO

Em decorrência do crescimento das limitações são experimentados diferentes níveis de envelhecimento. Tais estágios envolvem-se com a idade e o estado geral da pessoa.

A partir dos 65 anos é possível sentir os primeiros agravos do amadurecimento, intensificados dez anos adiante e que vai até os 90 anos de idade.

Os nonagenários e os centenários constituem um grupo bastante particular, objeto da geriatria. Normalmente, não servem como referência, morar nas estepes russas, ser vegetariano, jamais fumar...

FASES DA VIDA

Podemos classificar as diferentes fases da vida:

a) meninice — Compreende a infância e vai até o início da adolescência, transitando pela aborrescência.

b) adolescência — É a idade das certezas e das dúvidas; não há responsabilidades. Obviamente, é a melhor idade e não qualquer outra...

c) maturidade — Segundo o poeta americano Ogden Nash (1902-1971): "Meia--idade é quando o telefone toca no sábado à noite e a pessoa espera que não seja para ela".

d) envelhescência — Antes de chegar à velhice e todos os seus achaques vive-se um lapso de tempo de transição, em que se é mais experiente, mas ainda não se é um idoso. Os primeiros sinais do fim da maturidade e o começo da terceira idade.

e) velhice — Mário Quintana dizia que é o período em que as moças demonstram muito respeito ao homem e os moços, nenhum respeito. São evidentes as limitações físicas, a fase em que se quer possuir os recursos, mas não se pode.

f) senectude — Bem, esse pode ser o pior momento da vida porque no máximo o que se pode recomendar é que tenha consciência dele. Desconfie dos seus atos. É um vestíbulo...

g) decrepitude — Finalmente o indesejável, mas para nossa sorte caracteriza-se por alguma inconsciência.

RECONHECIMENTO DAS LIMITAÇÕES

Um dos primeiros passos é admitir as novas limitações, providência que deve ser revista periodicamente conforme o aumento da faixa etária.

A perda da disposição física é frequente, insidiosa e maldosa. Mediante verificação própria e por intermédio de *check-up* periódico todos os idosos devem avaliar quais são os seus parâmetros físicos, biomédicos e ergométricos.

Descabe ao idoso, aposentado ou não, sentir vergonha de sua limitação e quando necessário deve solicitar ajuda dos mais jovens.

Um macróbio me disse que quando era jovem teve um contato com Cão do Inferno e lhe pediu meios para gozar plenamente a juventude; tinha energia, saúde, potência, mas estava sem dinheiro.

Nada feito — disse-lhe o Tenebroso.

Aos 40 anos tinha uma profissão, estava ganhando dinheiro, mas não realizara a economia desejada.

Nada feito — garantiu-lhe o Maligno.

Quando completou 65 anos, Satã o autorizou a ir ao Café Photo, tinha muito dinheiro para gastar com farras, mas nada feito.

REDUÇÃO DO RITMO

O ideal é reduzir o ritmo. Se você optou por trabalhar e tem condições de exercer alguma atividade, avalie as suas restrições e adapte-se ao novo esforço a ser praticado. Conheço um advogado morador de Vinhedo, cujo escritório situa-se no centro de São Paulo que deixou de ir às sextas-feiras. Depois às quintas-feiras; agora ele só enfrenta a Via Anhanguera de segunda às quartas-feiras. Ele está certo.

O doutor Armando Casimiro Costa, líder da LTr, depois dos 85 anos diminuiu o ritmo, mas nunca se afastou da empresa.

Um empreendedor deve delegar algumas de suas funções para os sócios, gerentes, filhos ou parentes.

Quando completam 65 anos os empresários americanos costumam afastar-se da direção do empreendimento, compram camisas berrantes e começam a dar a volta ao mundo com uma máquina fotográfica a tira-colo. Estão certos.

RELAÇÕES COM OS FAMILIARES

Uma vez aposentado o homem tem de enfrentar um novo desafio: viver na sua casa. Verificará que mudará de nome; passará a se chamar Jacques.

Já que está ali, põe o lixo para fora, troca o butijão de gás, dá banho no cachorro, apara a grama do jardim, vá ao banco pagar a conta da luz. Por que não pinta o quartinho?

Os filhos e, às vezes os netos, trazem encargos escolares que antes não eram enfrentados porque trabalhava fora. E já reparou que são sempre terríveis questões de matemática, que odiava no ginásio?

Para Maria Luiza Paulozzi Benfatti: "Os impactos mais significativos da aposentadoria nas relações familiares são: insegurança financeira, maior tempo livre para o casal; funcionamento físico mais limitado; aumento dos sintomas físicos. As mulheres geralmente são as cuidadoras da família, enquanto os homens se encarregam da responsabilidade financeira" (O impacto da aposentadoria nas relações familiares. In: *Preparação para aposentadoria*. São Paulo: LTr, 2001. p. 140).

APOSENTADO EM CASA

A esposa quer dividir alguns afazeres domésticos com os quais você não estava acostumado e o certo é encará-los com alguma naturalidade. Até porque essa atividade física será interessante para a sua saúde. E não adianta reclamar que o culpado do seu machismo é a sua mãe.

Vença o preconceito de pensar que na sua firma você era obrigado a trabalhar e julgou que isso acabaria quando aposentasse; não acabou, apenas recomeçou... Antes você tinha emprego, agora tem serviço.

NOVAS OBRIGAÇÕES

Divida o dia com esforços familiares e os dedicados à aposentação, como sair de casa e ir à pracinha conversar com os colegas, visitar amigos, etc.

Não fique sempre dentro de casa nem todo o tempo fora dela. Não é justo para com a sua parceira.

Anime-se. É verdade que se apresenta uma realidade para a qual você não estava preparado, mas no fim tudo dará certo.

INTERFERÊNCIA NA VIDA DOS FILHOS

Tente não interferir na educação dos seus netos, exceto nos casos excepcionalíssimos em que a experiência dos mais maduros é reconhecida.

Não seja uma sogra professora, aquela Marie do *sitcom* da TV *Everybody loves Raymond*, mas uma sogra amiga de sua nora.

Se for possível more separado dos seus filhos; você será um pouco mais independente e eles desfrutarão de alguma privacidade.

SEXUALIDADE OUTONAL

Em termos de envelhecimento não existe tema mais mistificado que a sexualidade dos idosos. O que os velhinhos mais ouvem dos geriatras nas palestras é que devem vencer a convenção de que não podem mais ter sexo.

Isso não passa de uma visão jurídica; eles sabem que podem, mas sabem também que não conseguem.

A diminuição da libido é natural e começa depois dos 60 anos; da mesma forma a ereção não é mais a mesma, o que torna difícil a realização do ato sexual. Os velhinhos constatam ser uma pena que o desejo não diminua com a mesma intensidade da incapacidade de consumá-lo.

O viagra ou cialis pode propiciar alguma ereção, mas não é capaz de criar a paixão e, nesse sentido, convém pensar que o declínio da sexualidade faz parte do natural declínio da saúde e do aumento da senescência.

Alguns mitos dificultam ainda mais as coisas, na medida em que se afirma que um homem de 80 anos pode ter uma relação sexual normal com sua mulher, com quem vive há 60 anos. Isso não é verdade, mas os estímulos íntimos que ele precisa são condenados pela moral social.

Torna-se inevitável recorrer à sabedoria do campo.

Existem três coisas que o caipira mais gosta:

Boi gordo na invernada — cerveja gelada — mulher pelada.

E três coisas que ele menos gosta:

Boi magro na invernada — cerveja quente — mulher da gente.

Daí a alegria daquele velhinho quando o geriatra expositor disse que a partir dos 80 anos era uma vez a cada seis meses. Indagado por que estava pulando lá no fundo do auditório e aplaudindo, ele respondeu dizendo esse dia era aquele dia.

O casamento duradouro, que é uma fonte inesgotável de riquezas para o casal, especialmente na maturidade, fato a ser festejado pelo aposentado, afirmam os entendidos, pode ser o túmulo do sexo.

De modo geral as mulheres não compreendem isso e acham que é sacanagem dos homens quererem garotinhas; isso piora as coisas, se elas foram educadas segundo os padrões religiosos que vedam isso e aquilo.

Carlos Rodrigues da Silva Filho lembra que as "disfunções como a falta de desejo, dificuldade de excitação (lubrificação na mulher e ereção no homem), dificuldade para ter orgasmo ou falta de controle da ejaculação pelo homem são queixas muito frequentes, verificando-se uma prevalência de disfunção sexual da ordem de 40% a 50% na população em geral, e índices maiores que esses em pessoas idosas e pacientes psiquiátricos" (Entendendo o envelhecimento: possibilidade de limites para uma melhor qualidade de vida. In: *Preparação para aposentadoria*. São Paulo: LTr, 2001. p. 89).

O culpado, é claro, é o corpo. Por isso o velhinho se desculpou com a velhinha quando ela lhe perguntou, depois de 60 anos de casados, se algum dia ele a traíra. Ele confessou que fora só uma vez e indagado por que, garantiu a querida esposa que o culpado fora o corpo.

— *Dio*, que corpo!

E como, por seu turno, ele fizesse a mesma pergunta, ela respondeu:

— Sim e a razão também foi o corpo, a guarnição do Corpo de Bombeiros de Porto Alegre.

CONTRATAÇÃO DE CUIDADOR

Pessoalmente ou por intermédio da família, quando possível o ideal é contratar um acompanhante e no caso de maiores limitações do assistido, de um cuidador.

As mulheres são melhores para isso e é preciso tomar cuidado na admissão, o ideal é obter informações detalhadas sobre essa pessoa que terá acesso a toda a casa e tem de ser merecedora de confiança.

O cuidador (*angels of care*), cuja profissão ainda não foi regulamentada (não existem sindicatos, mas apenas associações), é um profissional da área da saúde que não se confunde com o doméstico nem como a faxineira. Preferivelmente formado num curso profissionalizante, a ser executado por técnico em enfermagem.

Suas obrigações principais são de cuidar do bem-estar, alimentação, higiene pessoal, recreação e lazer do assistido, particularmente ministrar os medicamentos.

Ele pode ser registrado como doméstico ou autônomo e presta serviços em residências, hospitais e clínicas de repouso.

O Ministério da Saúde emitiu uma Cartilha do Cuidador de Idosos, sabendo que 50% das pessoas com mais 60 anos no Brasil são analfabetas.

Capítulo 29

MAL DE ALZHEIMER

Uma doença neurológica ameaça a tranquilidade da vida dos aposentados quando chegam a maior idade. Para alguns especialistas, ela faria parte natural da velhice, acometeria todo o período da senilidade e seria perceptível já durante a senescência (uma fase que precede a senectude).

Outros profissionais entendem que é uma doença, que pode ser combatida, atenuada ou extinta, se forem tomados alguns cuidados médicos logo depois do seu surgimento.

E há os que a confundam com a decrepitude inerente à idade avançada e que seria inevitável. Ainda não se sabe ao certo.

MAL DA IDADE

Bem, segundo o Alzheimer, um mal que vem com a idade. *Revista IDAAP*, Brasília: Sindifisco Nacional, n. 30, out./2010, que se baseou na Wikipédia, 50% das pessoas com mais de 90 anos sofrem desse mal.

O Mal de Alzheimer é uma doença degenerativa que produz uma atrofia progressiva no cérebro, diminuindo a capacidade das pessoas idosas. O Brasil teria 1,2 milhões de portadores dessa enfermidade.

PROBLEMA NEUROLÓGICO

O problema é nitidamente neurológico. Afeta as aptidões para o dia a dia, com perda da memória, falta de concentração ou de dar atenção.

Em alguns casos, acompanhado de apatia e certa desorientação no tempo e no espaço.

A medicina ainda não encontrou cura para essa doença; ela limita-se a diminuir os seus efeitos.

Um dos primeiros sinais é a afasia nominativa (não lembrar as palavras).

CURA DA INCAPACIDADE

Acolhendo-se a conclusão de que se trata de uma enfermidade, o certo é tentar detectar e contornar os seus efeitos e viver uma vida de aposentadoria mais digna.

Certos médicos recomendam algumas atividades intelectuais, as quais diminuiriam a possibilidade de surgimento dessa doença, fato que também foi negado por outros profissionais de neurologia.

Exercícios mentais como jogar xadrez, resolver palavras cruzadas, sudoku, decifrar charadas, escrever poesias, contos, dançar, ler, manteriam o cérebro em atividade e sobrestariam o aparecimento da doença.

RISCO DE DEMÊNCIA

Guilherme Genestreti diz que: "Os idosos com depressão estão mais propensos à senilidade. O risco de desenvolver o quadro é quatro vezes maior nesses pacientes, segundo o psiquiatra Jerson Laks" (Risco de demência é quatro vezes maior entre idosos deprimidos. In: *Folha de S. Paulo*, São Paulo, 29.10.2010. p. C-9).

CAUSAS DA DEPRESSÃO

Sonia Brucki, na mesma matéria jornalística, relacionou oito causas da depressão depois dos 60 anos:

a) doenças físicas dolorosas e/ou incapacitantes;

b) atrofia progressiva do cérebro;

c) perda neuronal e diminuição de neurotransmissores;

d) alterações vasculares;

e) situação de luto;

f) limitações físicas;

g) falta de suporte familiar e isolamento social; e

h) diminuição da renda e mudança do papel social.

PROBLEMAS COM DINHEIRO

Gina Kolata informa que dificuldades no manejo com o dinheiro também pode ser início do Mal de Alzheimer (Problema para lidar com dinheiro é sinal inicial de Alzheimer. In: *Folha de S. Paulo*, São Paulo, 3.11.2010. p. C-9).

RECOMENDAÇÕES ÚTEIS

Recomendações que podem ser feitas aos aposentados são as seguintes:

a) Exercite-se fisicamente, caminhe, não fique parado.

b) Desenvolva atividades físicas, mentais e culturais.

c) Tente resolver enigmas, charadas e outras atividades correlatas.

d) Procure verificar como vai a sua memória.

e) Aparecendo os primeiros sinais, vá ao geriatra.

Capítulo 30

LIÇÕES DE VIDA

Já dissemos: o mundo está cheio de lições de vida e muitos livros nos trazem belíssimas sugestões. Algumas delas são importantíssimas e, destarte, todos devemos nos deter nessas riquezas do pensamento. Mas não basta olhá-las com admiração, admitir-lhes a validade, e simplesmente deixar que o tempo resolva alguns dos nossos problemas.

Certo que essas afirmações de autoajuda são cartas de boas intenções e nos confundem ainda mais.

Olhe que linda esta frase e ela vale lê-la até quem nunca trabalhou numa floricultura:

"Quem possuir a faculdade de ver a beleza, não envelhece", garante Kafka (1883-1924).

SERÁ QUE NÃO ENVELHECE?

Pratique alguma dessas pérolas da vida; notará que algumas delas caem como luva num dia de muito frio e se aplicam perfeitamente a você. Não custa quase nada e com certeza melhorará um pouquinho a trajetória final de sua existência.

Regina Brett, de Cleveland, Ohio, americana de 90 anos de idade publicou uma série de 45 afirmações que circulam pela internet e nos inspiraram levantar algumas belas questões (in *The Plain Dealer*).

JUSTIÇA DA VIDA

A vida não é justa coisa nenhuma; muitos facínoras que roubaram conseguiram viver bem até os 100 anos e nunca foram punidos.

Um número respeitável de homens puros, justos e honestos, padeceu barbaridades em suas correrias. Aquele famoso assaltante do trem pagador, o bandido inglês Ronald Biggs, viveu muitos anos no Brasil e só foi preso por que quis e quando resolveu retornar à Inglaterra.

Não tenha dúvidas:

"A velhice é prêmio para uns e castigo para outros", como ponderou o Marquês de Maricá (1773-1848).

Não significa necessariamente que os bons terão uma velhice doce e que os maus serão castigados com doenças. É pura sorte, ascendência, boa alimentação, exercícios, não fumar nem ingerir bebidas destiladas.

Meu velho pai sempre dizia que só existem dois tipos de homens: os espertos e os otários. E para que eu tentasse ficar no grupo dos primeiros.

Groucho Marx afirmava que a cada 15 minutos nasce um incauto e esse comediante americano disse isso quando a população do mundo era bem menor...

Não se preocupe com o instante histórico em que finalmente a Inglaterra entregará as Ilhas Malvinas aos argentinos, Gibraltar para os espanhóis e devolverá os tesouros que se apropriou por esse mundo a fora. Alguém, algum dia, solucionará esses problemas e não tem de ser você; com certeza já desatou alguns nós em sua vida.

QUEM CUIDARÁ DE VOCÊ

A primeira técnica de proteção que terá a sua mão — e às vezes a única — quando precisar mesmo, é sua família ou as pessoas que o amam.

Não confie no governo para isso. Ele é uma abstração e não cria riquezas; somente distribui aqueles bens que você e outros idosos criaram e nem sempre o faz com justiça.

Muito menos nos patrões e até em alguns amigos.

Claro que ter uma pequena reservinha o ajudará a pagar o plano de saúde, os remédios e aquela dose diária de vinhozinho tinto que os médicos dizem que fará bem.

Já pensou que coisa boa: você num hospital assistindo o Brasil ganhar da Alemanha em 2002, acompanhado de um amigo?

GANHAR SEMPRE

Lembre-se: não se ganham todas e a quase totalidade da população é de perdedores; isso é um pouco da essência das coisas. A culpa é dos espertinhos que só fazem armar contra nós.

No final da Copa do Mundo, 31 técnicos e 361 jogadores voltam sem o caneco. Pior: os reservas não esperavam grandes coisas e os seus nomes serão esquecidos.

Selecione as suas vitórias passadas, valorize aqueles momentos em que você foi brilhante, não importa no que tenha sido.

Olha! Daquela proposição de três ações que circula pelo mundo, se você não mais pode ter um filho, plante uma árvore e logo uma jabuticabeira, e comece a escrever um livro. Se não der, um conto. Deixe que os seus netos deem água para a jabuticabeira e que se preocupem em editar, publicar e distribuir o seu livro. Se isso não acontecer, pior para ao mundo...

FAÇA AS PAZES COM O PASSADO

Isso mesmo. Esqueça as malcriações, os constrangimentos e as decepções que teve, recebeu e praticou.

Pensando bem, sabe aquele concurso que não foi aprovado? Não havia cola, favoritos ou protecionismo. Você é que não se preparou o devido. Ou existiram candidatos melhores. Deixa para lá.

Perdoe todo mundo (ou quase...). Nossos problemas costumam ser menores do que os dos outros. Mas é claro que isso é apenas constatação e não consolo para nada.

Lembranças pretéritas fazem bem, é para recordar o passado e não viver nele. E somente fale da suas experiências se isso for útil a alguém.

NADA DE SE COMPARAR COM OS OUTROS

Não tente justificar os seus insucessos. Companheiro: o que é isso de ficar equiparando sua vida com a dos outros; eles tiveram mais oportunidades...

Aquela sorte que favoreceu os outros, como você pensava, também estava lá, ao seu lado, mas não deu.

As pessoas e as ocasiões são tão variadas que não tem sentido ficar equiparando-se. O que adianta dizer "se fosse eu", se não era você?

Você é você e acabou.

JOGUE FORA COISAS GUARDADAS

Pare as rotativas, procure na casa toda (especialmente no sótão ou naquele quartinho lá fora) e jogue fora um mundão de tranqueiras que acumulou ao longo do tempo.

Salve as fotos e os diplomas, que os netos um dia poderão querer saber quem foi você, e atire tudo o mais pela janela.

Doe roupas que não mais vai usar; estão largas ou pequenas demais e também aquelas bolsas e sapatos imprestáveis.

Creio que o quadro mais triste que vi na minha vida foi em Avaré, no escritório de uma serraria em que aparecia uma velhinha de cabelos brancos debruçada sob uma arca onde se via o seu vestido de noiva jamais usado. Meu Deus, por que o dono foi guardá-lo?

USE AS COISAS BOAS

Sabe aquele lenço de linho egípcio guardado a sete chaves, a garrafa do champagne Codornyu bem escondida há duas décadas, o relógio de ouro Tissot do seu avô? Use-os.

Para que guardar aquele terno tão novinho no guarda-roupa? Quebre o cofrinho, retire as moedas e as gaste bem.

Todo mundo armazena algumas coisas para um momento especial; esse momento é agora.

SEJA EXCÊNTRICO

Se você sempre teve vontade de usar aquela *voilette* ou aquele chapéu russo num dia de frio e a família acha ridículo, use-o agora, não deixe para depois. Você é praticamente inimputável.

Compre um violino *made in China*, desses de R$ 250,00 e tente aprender (não é fácil). Se derem risadas dessa novidade, se os ossos do Niccolò Paganini se retorcerem no túmulo, pior para eles.

No dizer de John Stuart Mill (1806-1873):

"O maior perigo dos nossos tempos é que tão poucos ousam ser excêntricos."

O TEMPO CURA QUASE TUDO

Excetuadas algumas infecções iterativas, que têm de ser tratadas com medicamentação correta, o braço quebrado a ser engessado, aquele nervo do dente que está exposto e doendo prá burro, e outras coisas que precisam de tratamento — em relação ao resto, não se esqueça, o tempo cura tudo.

Os homens que conhecerem duas mulheres, uma loura e uma morena e na dúvida se casaram com uma delas, todas as vezes que tiverem problemas com a esposa atual, se perguntarão por que não se uniram com a outra. De nada adiantaria, apenas teriam de trocar o sinal.

Aquela proposta de emprego ou negócio que você não aceitou pertence ao passado, deixa prá lá, sítio em que deve ficar. Por que ficar pensando que aquele conhecido aceitou e hoje está rico?

GASTE O DINHEIRO

Aproveite a vida e, fora uma reservinha pecuniária, gaste o seu dinheiro acumulado. Com coisas boas, é claro. Você já pagou a faculdade do seu neto, emprestou dinheiro para o seu filho (que nunca devolveu, é claro).

Não se esqueça: no máximo, você pode tomar três refeições por dia. Só consegue dirigir um automóvel de cada vez e só pode ver uma TV.

Para quê o melhor túmulo do cemitério! Dê todo o excesso e o supérfluo para quem precisa.

Já experimentou ajudar alguém sem se identificar? Dizem que é a melhor definição de felicidade.

GOSTE DE VOCÊ

"Gostar de si mesmo, construir uma boa imagem de si, relacionar-se bem com sua potencialidade, mas também ser indulgente com suas próprias limitações não é algo que seja apenas o reflexo de uma circunstância ou de um momento da vida", diz Creria Maria Lobo Bittar Pucci Bueno (Autoestima e autoimagem do aposentado. In: *Preparação para aposentadoria*, cit., p. 100/103).

FAÇA NOVOS AMIGOS

Fazer amigos é uma arte e nunca é tarde para aprendê-la.

Dale Carnegie diz que: "Você pode fazer mais amigo em dois meses interessando-se pelas pessoas, do que em dois anos tentando fazer as outras pessoas se interessarem por você" (1888-1955).

SEJA OTIMISTA!

Se você é otimista, continue assim, mesmo depois de ler Candido, de Voltaire. Caso seja pessimista e somente vê coisas ruins da vida, reflita: de que serve essa postura negativa?

Já pensou: e se não passarmos de uma peça de fantoches escrita por Deus e ele nos cobre que nos ofereceu tudo o que tinha na natureza para nos fazer felizes, e você não notou isso?

Quem experimentou uma salada de berinjela curtida num vinagre balsâmico italiano sabe do que eu estou falando...

SABEDORIA NA SENECTUDE

A sabedoria não é um apanágio da idade avançada, é um dom especial que se aperfeiçoa com a experiência, como o da música, pintura, escultura, artes em geral.

Nem sempre, ou melhor, quase nunca o mais velho só porque é idoso ele tem razão. Se nunca teve discernimento ele não brotará espontaneamente agora em que a sensibilidade está desgastada pelos embates da vida.

É evidente que o sábio é um ser especial, uma pessoa inteligente, que foi capaz de assimilar uma visão geral do mundo e pode aconselhar, mas o número dessas pessoas é bem menor do que seria desejável. A literatura estereotipou um velhinho vivendo numa caverna no alto de uma montanha detendo sabedoria, mas é provável que seja uma figura de retórica.

Essa conclusão não tira o mérito da experiência do mais velho, pode não ser um sábio, mas é sapiente, aquele que aprendeu com a vida. Tem de ser respeitado por isso.

DÊ RISADAS

Sorria, ria, dê sonoras gargalhadas argentinas. Conte piadas para os amigos, ria de si próprio e dos seus micos, isso faz bem.

PROPOSTA FINAL

Não se esqueça que se você brilhou, fez sombra para os outros.

Marque uma data qualquer, faça um churrasco e convide aqueles que sempre o serviram: sua empregada, a faxineira, o carteiro, o homem que cuida do seu jardim e o segurança.

Se vista à caráter, prepare pessoalmente a carne e os sirva com gentileza e sem comentários.

A frase mais filosófica que vi na minha vida estava escrita no para-choque de um caminhão:

"A inveja é uma merda!"

Capítulo 31
PERDAS DO JUBILADO

No que diz respeito ao ambiente de trabalho (e outras *cositas más*), quem se distancia da atividade laboral tem algo a perder e deve saber que esses prejuízos são inevitáveis e que a liberdade obtida não compensará. Isso faz parte do processo da aposentação.

Durante toda a vida profissional juntou conhecimento, adquiriu experiência e dominou técnicas; agora está chegando o momento de cessar esses acréscimos e pensar em viver mais para si mesmo. De todo modo, há uma diminuição do seu patrimônio pessoal.

SUBJETIVIDADE DAS PERDAS

Em razão da aposentação e do envelhecimento, na análise desses assuntos ver-se-á que tem muito a ver com a profissão adotada, a experiência acumulada, a idade da pessoa e o seu estado de saúde.

A maior parte dos profissionais liberais, quando mais idosos, se torna técnicos melhores. Ninguém vê médicos, advogados ou engenheiros de cabelos brancos sentados em roda numa pracinha jogando dominó. Eles se ocupam, com mais ou menos intensidade, até os últimos dias.

Quem tem experiência numa função que não sofra a influência do avanço da tecnologia pode prestar serviços, ainda que esporádicos, ou ensinar. No Canadá os jubilados são chamados onde trabalharam para ensinar os jovens.

Mas é evidente que existem ocupações que o passar do tempo tornam a pessoa inadequada; são principalmente as que reclamam esforço físico. Sem força muscular, não é possível exercitá-las.

DISTÂNCIA DO PODER

Quem era encarregado, chefe, superior hierárquico, agora não é mais. Não subordina; talvez se torne um subordinado dos outros, principalmente dos mais jovens.

Não manda mais e quiçá deva obedecer à família, à esposa, aos filhos, enfim, a terceiros.

O perecimento desse poder é significativo porque vem acompanhado de outros padecimentos de ordem física: diminuição da sensibilidade, da audição e da visão. Estas últimas podem ser assimiladas, o difícil é aceitar perder o poder que detinham.

IMPORTÂNCIA PROFISSIONAL

Quando estava no exercício de suas atividades, o trabalhador dominava certo conhecimento técnico, armazenava experiência e segurança, que o tornava relevante na empresa.

Não deterá esse *status* e nivelar-se-á ao comum dos mortais. Outro ocupará o seu lugar e descobrirá que não era insubstituível como julgava.

Aqui talvez seja o momento de contar a estória daquele empregado ocupado com manutenção da imensa rotativa alemã daquele periódico. Ele amava a máquina e a mantinha funcionando perfeitamente há muito tempo. Quando completou 65 anos, ainda que não quisesse, foi dispensado compulsoriamente. Deixou o emprego bastante entristecido e ao sair chegou a ponto de beijar a impressora.

Três meses depois, de repente ela travou. Imaginem totalmente parada uma máquina de dois andares de altura e 60 metros de comprimento que imprimia 300 mil jornais por hora. Fizeram de tudo e nada. O diretor presidente, diante da necessidade, ligou para Alemanha, pediram 200 mil dólares para uma visita dos técnicos e eles demorariam três dias para chegar ao Brasil. Era caríssimo, mas fazer o quê, ninguém resolvia o problema.

Aí alguém deu a ideia de chamar o velhusco aposentado; ninguém conhecia a máquina como ele.

Ele veio muito contente, olhou para a rotativa, deu uma volta em torno dela, chegou perto de um ponto, deu um toquezinho com a chave de fenda e pronto, ela voltou a funcionar! Um rugido de palmas se fez ouvir em todo o jornal, o diretor imediatamente mandou pagar uma gratificação de três mil dólares ao aposentado.

Ele reagiu na hora:

— Prefiro não receber nada. No mínimo deveria receber 50 mil dólares, 1/4 do que os alemães pediram...

O que é isso? Redarguiu o diretor: — Você ficou 5 minutos aqui, não fez praticamente nada, só deu um tapinha...

Está bem — retrucou o velhinho, e saiu, mas antes, deu outro tapinha, e a máquina travou novamente.

Vinte minutos depois de pô-la a funcionar novamente, ele saiu com o gordo cheque que solicitara.

AMBIENTE LABORAL

Se um trabalhador desfruta de um bom local de trabalho, não o terá mais e essa perda é respeitável.

Ali estava cercado de colegas de labor, muitos amigos, fazia parte de um grupo legal, liderava ou era liderado, mas estava próximo de uma comunidade.

Fazer parte de um grupo significa, entre outras coisas, estar a par das reivindicações da categoria, na órbita trabalhista e previdenciária.

Esse distanciamento é como perder um amigo; é quase impossível substituir aquilo que não mais se terá, mas faz parte da vida de todos nós.

Algum tempo depois, ajustado à aposentação, quanto mais tempo decorrer, mais ele se ajustará a essa nova situação.

Por mais importante que era o seu cargo, essa capacitação de regra não será reconhecida e você será um aposentado. Quiçá um estranho no ninho. No máximo, frequentará a sala dos aposentados. Ou, o hall do inferno.

NOVOS AMIGOS

É possível que em face da proximidade das residências mantenha algumas antigas amizades, especialmente também aposentados, mas numa metrópole o certo é haver algum distanciamento físico e só verá os antigos companheiros de trabalho nas reuniões festivas da empresa, na associação dos aposentados ou no sindicato profissional.

Logo, terá de fazer novos amigos, possivelmente na mesma faixa etária, que morem no mesmo bairro e tenham os mesmos interesses. Serão os parceiros de bocha, malha, dominó, tranca, truco...

Descobrirá que a entrada nesse novo grupo é muito semelhante aos primeiros dias na escola: medo, mútua desconfiança, rejeição, etc., mas o tempo se encarrega de ajustar as coisas.

DESATUALIZAÇÃO DO CONHECIMENTO

Quem se afasta de um centro de atividade não deterá mais os instrumentos, não saberá dos avanços das tecnologias ali praticadas. Perderá o acesso a novas informações, técnicas e mecanismos novos.

PERDAS PROFISSIONAIS

O aposentado talvez não possa mais comprar na cooperativa de consumo, desfrutar de descontos na aquisição dos produtos da empresa, participar do plano de saúde, frequentar o clube. Que tristeza!

PREJUÍZOS PESSOAIS

Para a maioria das pessoas, a despeito da sua experiência um percipiente de aposentadoria é um aposentado e, rigorosamente, com o avanço da tecnologia, é possível que não tenha mais capacidade de ajudar os mais jovens.

Nesse sentido o certo é esperar e ser procurado do que se oferecer.

Capítulo 32

PREÂMBULO DO DESCANSO

Deixar de trabalhar e assumir a inação da aposentação é iniciar um comportamento novo.

No *Preparação para aposentadoria* sustentamos: “Preparar-se para a aposentação também quer dizer programar-se para a jubilação, que ocorrer um dia, em função de vários parâmetros individuais: a) faixa etária; b) estado civil; c) condições físicas; d) tempo de serviço acumulado; e) situação profissional, pessoal e familiar; f) existência de complementação privada; e g) esperança média de vida” (*Complementação da previdência básica.* São Paulo: LTr, 2009. p. 76).

BALANÇO DA VIDA

Pare e faça um balanço do que foi sua vida e do que é. Se for o caso, comece a escrever a sua biografia; não é pensando em publicar, mas quem sabe?

Sem qualquer preocupação com as responsabilidades ou os arrependimentos, lembre-se dos erros que cometeu, perdoe a quem o ofendeu (ainda que ele não tenha conhecimento do perdão, mas se o encontrar na rua externe verbalmente).

Esqueça aqueles que lhe devem; dê a dívida como quitada.

Avalie os seus sonhos iniciais e o que você realizou. Esqueça o fato de que não pode alcançar todos eles. Ainda é tempo para planejar alguma coisa factível. Charlie Chaplin teve um filho com Oona O’Neill com 80 anos de idade.

Pense naqueles que amigos que você conheceu (e nunca mais viu), empregados com quem trabalhou, colegas do clube ou da escola. E até naquelas namoradas que você teve ou quis ter e elas não ficaram sabendo disso.

Recorde-se dos bons momentos compartilhados com os outros e até aqueles vividos sozinhos. Tire algumas conclusões, mas sem pressa e sem a preocupação de exaltar-se ou punir-se, aquilo fez parte de você.

TRANSIÇÃO DIFÍCIL

Mudar subitamente e sem desacelerar o movimento do trabalho até chegar à modorria da inatividade, não é fácil. Ajuda saber que é um preâmbulo transitório que também será superado.

Você se sente inútil, vendo todos correndo para pegar um ônibus, enfrentando filas, batalhando pelo emprego e você ali, pampeiro, sem nada por fazer e o dia tem 24 horas. Isso é terrível, mas a Terra continua girando em torno do Sol.

VIVA COM O NOVO PADRÃO

É possível que depois de aposentado tenha que mudar o padrão de vida (quer dizer, não tenha dúvidas, baixá-lo); talvez tenha chegado o momento de consumir o que economizou; agora é gastar o que você entesourou.

Descobrirá que a despeito das novas despesas devidas ao consumismo atual é possível viver com alguma dignidade recebendo menos do que no tempo em que trabalhava.

Claro que estas recomendações têm muito a ver com a situação de cada um; quem ganha o salário mínimo sempre terá dificuldades enormes para tudo.

Mas corte despesas; é inevitável, sempre gastará mais na farmácia. Se fizer uma listinha dos gastos mensais por ordem de importância verá que no fim do rol existem itens supérfluos.

PARE E OBSERVE

Pare. Olhe o mundo a sua volta. Se você dispõe de uma varanda, sente-se numa cadeira confortável e fique mirando o infinito, o dia nascendo ou a tarde caindo. Se não tem, vá até uma pracinha e fique olhando os transeuntes.

Não precisa fazer nada. Caso tenha um iPod, ouça música do seu gosto.

Faça isso diversas vezes, sem qualquer compromisso com coisa alguma. Aprenda a libertar-se dos compromissos com você mesmo, são os piores.

Se for o caso e encontrar um amigo compatível, jogue conversa fora e não discuta temas polêmicos. Deixe a eutanásia, o aborto, a célula-tronco e quem deve ser o técnico da seleção nacional para outras ocasiões.

Principalmente, não tente convencer os mais jovens que no seu tempo tudo era melhor. Qualquer comparação é sempre boba e não leva a nada. Os tempos eram diferentes, mas as pessoas também.

TRABALHAR ATÉ O FIM

Existem seres humanos cujo eixo de suas vidas é o labor e não sabem descansar ou relaxam muito pouco. Sempre fizeram uma ou outra coisa e vivem se mexendo. São felizes assim. Bem, para estes, a recomendação é: mova-se até morrer, mas planeje esse esforço satisfatório, insira períodos de inatividade total ou ocupação apenas recreativa.

Não ofenda sua natureza: quem nunca foi muito de agarrar e tenta mudar de vida vai sofrer; viva com a sua maneira de ser. Não tenha vergonha da sua ociosidade.

FAÇA O QUE O FAZ FELIZ

Bem, agora é o momento em que você vai poder fazer o que sempre quis. Ou o que nunca desejou, mas descobriu recentemente quando teve tempo para observar o mundo. Para alguns, viajar pelo mundo a fora.

Cuidado, pesquise com muita calma saber o que é isso. Muitas pessoas que moravam em metrópoles sonharam em ir para a praia ou subir uma montanha, venderam tudo o que tinham na cidade grande, partiram para outros habitats e lá não se sentiram tão bem como haviam imaginado.

Sem perceber que tinham de aceitar um período de transição difícil, descobriram que, para eles, a vida na cidade era superior. Nestas questões não queime as pontes que o separam da nova realidade. Deixe um espaçozinho para voltar. Pode ser preciso redescobrir que a vida na cidade é melhor.

Existem centenas de citações disso de Helen Exley (*Um presente de felicidade.* Watford: Eko, 2005). Não tente segurar a felicidade com as mãos, como se diz ela costuma estar onde não a pomos.

IMPORTÂNCIA SANITÁRIA DA ATIVIDADE

Exceto se você era um *bon vivant* e sempre esteve encostado no barranco e nunca foi de agarrar muito, saiba que a atividade física é muito importante durante o período da aposentadoria.

A estagnação abrupta de um trabalhador que sempre fez esforços físicos pode levá-lo a doenças ou morte precoce.

Ocupe-se! Não é para bater ponto, faça o que você gosta, sem patrão, mas não fique parado! Movimente-se todos os dias e se quiser emagrecer um pouco, o ideal é café e açúcar. Capinar café e colher cana de açúcar na roça.

SENSAÇÃO DA OCIOSIDADE

Do mesmo como, quando da juventude, não foi fácil engatar uma marcha (acostumar-se ao trabalho diário), para muitas pessoas não é fácil acostumar-se com a inação. Se for sensível, olhando jovens desempregados lutando para conseguir um emprego, sentir-se-á mal. Deixe esse sentimento de lado. Amanhã, para eles, o papel se inverterá.

A ociosidade do idoso corresponde ao entretenimento infantil, tempo de brincar. Aproveite o ócio ao máximo que puder; aceite a condição de inativo o mais rapidamente possível. Lembre-se: você já fez a sua parte.

TRABALHO COM EIXO PESSOAL

Para alguns, o norte pessoal é a fé; para outros, a disposição para lutar por um ideal e há até aqueles que gostam de ficar quietinho esperando a vontade de trabalhar passar logo, mas alguns sempre tiveram no trabalho o seu eixo. Não se cansam nunca.

Se se dedicaram a apenas uma profissão, ocupação ou ofício, então esse vínculo é mais forte e define melhor a personalidade. Alguém já viu um médico, advogado ou engenheiro com mais de 65 anos, numa pracinha jogando dominó?

Bem, muitos trabalhadores perdem o emprego sentem-se desajustados, sem saber o que fazer. Alguns tribunais recebem magistrados jubilados todas as tardes para tomar chá; certas empresas têm sala dos aposentados e ali eles se reúnem. De vez em quando algumas instituições chamam os que foram empregados para homenageá-los em festividades.

Quem tem no trabalho sua única razão de viver (que não deve ser confundível com o vício permanente de trabalhar), precisa se preparar antes e melhor a sua aposentação, caso contrário vai sofrer com a inação.

A lei prevê uma mensalidade que vai diminuindo para quem teve alta médica da aposentadoria por invalidez. Aqui o fenômeno é ao contrário, o segurado estava inativo e precisa de algum tempo para se acostumar a trabalhar.

ASPECTOS ECONÔMICOS

Bem, você vai se afastar do trabalho ou foi afastado por força das circunstâncias, receberá as verbas rescisórias (saldo de salários, aviso prévio, décimo terceiro salário e férias proporcionais, PIS-PASEP, FGTS, etc.).

No caso de algum acidente do trabalho, receberá uma forma de indenização securitária. Na condição de beneficiário da previdência social poderá celebrar um contrato de empréstimo consignado com um banco.

Ou seja, você se verá com certo capital acumulado e rapidamente ele terá de ser aplicado. Começam alguns problemas e os principais estão no seio da família; aquele neto quer comprar uma motocicleta, a mulher reclama a pintura da casa e você quer trocar de carro. Cuidado, esse montante talvez seja o alvará para uma vida mais confortável. Não ceda fácil para ninguém, o dinheiro é seu.

DIREITO AO *OCIUM CUM DIGNITAT*

Se você se aposentou depois de ter cumprido as condições legais faz jus à aposentadoria. Esse é um direito assegurado pela Carta Magna, garantido nas normas jurídicas da previdência social e sustentado pela lei da vida.

Lamente, mas não se responsabilize pelo fato de que você receberá dois mil reais sem fazer nada (se ganhar isso!) e o seu filho não consegue um emprego de mil reais.

Cuidado, se resolver ajudá-lo; porque pode não estar ajudando realmente.

Aquela rodinha na pracinha da cidade, com velhinhos jogando dominó, dama ou conversa fora, dizendo que no seu tempo tudo era melhor, que o governo não presta, as mulheres agora são muito fáceis, é um direito que eles asseguraram ao longo do tempo. Integre-se nesse grupo e faça parte da reunião como uma coisa natural.

Capítulo 33

APLICAÇÕES DE CAPITAIS

Bem, saiu a Carta de Concessão e Memória de Cálculo do INSS e os documentos que liberam o PIS-PASEP e os 100% do FGTS. Conforme o caso, você tem direito aos 40% da indenização trabalhista, férias e décimo terceiro salário proporcionais e, quiçá, até algum saldo de salário. E alguma pendência trabalhista tramitando na Justiça do Trabalho.

De modo geral, esses valores constam da Rescisão Contratual e totalizam o que chamamos de capital a ser investido e cujos frutos complementarão a renda mensal do benefício. Diante desse numerário à sua disposição, além de aposentado, agora você terá de ser um verdadeiro financista, um investidor de capitais.

Bem, se você não aplicava na bolsa, adquiria títulos públicos e dominava o assunto, agora terá de cercar-se de muitos cuidados. O primeiro deles é não receber esse valor em espécie; que seja pago com cheque ou depositado em sua conta bancária via TED.

Quando um aposentado de cabelos brancos entra no hall de uma agência bancária pode ter um espertinho esperando ele sair com algum valor em espécie.

EMPREENDEDORISMO

Você poderá se tornar um microempresário e se estabelecer, mas para isso é preciso que domine essa atividade. Poderá tornar-se sócio de alguém, mas tal resolução reclama mais cuidados ainda.

AQUISIÇÃO DE IMÓVEL

Os imóveis (terrenos, residências e edifícios) são aplicações bastante garantidas, principalmente terrenos (cuja manutenção é de baixo custo). Mas, lembre-se, o retorno é muito pequeno hoje em dia.

PREVIDÊNCIA PRIVADA

Contratar planos de previdência privada pode trazer muita tranquilidade a quem é disciplinado e respeita negócio de longo prazo.

Mas, como todo o investimento, requer uma série de cuidados. Existem planos para todos os bolsos e perfis no mercado, podendo os interessados consultar corretores, os próprios bancos em que são correntistas ou as entidades do setor (FENAPREVI, FENASEG e SUSEP).

Adquirir rendas mensais da previdência aberta recomenda algumas providências:

a) adote essa aplicação como uma solução complementar; o INSS ainda é a maior garantia, especialmente para quem não tem poupança excedente;

b) o investimento é uma atividade financeira de risco: sobrevindo lucro, ficará com os acionistas, havendo prejuízo, o segurado arcará com ele;

c) lembre-se que para os idosos o custo é maior do que para os jovens (ambos logram acumular o mesmo capital);

d) faça uma pesquisa de mercado; procure no mínimo seis seguradoras ou bancos e compare os custos;

e) leia o contrato sem pressa; tome conhecimento dos encargos tributários, especialmente a incidência de IR;

f) decida-se por uma entidade idônea (que desfrute de bom nome no mercado), tradicional (existente há algumas décadas) e com patrimônio considerável (ser puder, consulte o balanço anual);

g) examine o leque de opções e aplicações financeiras: quanto mais conser-vadora, mas garantida; quanto mais ousada, menos garantia e não opte por nenhum dos extremos, fique mais próximo da conservadora;

h) atenção à taxa de administração, que varia enormemente e aos custos administrativos da contratação;

i) procure saber qual é a Tábua de Mortalidade adotada, se atual ou antiga.

BOLSA DE VALORES

A aquisição de ações reclama cuidados distintos e pressupõe conhecimento do mercado de ações.

TÍTULOS PÚBLICOS

Títulos públicos costumam ser garantidos.

COMMODITIES

Commodities são títulos que representam mercadorias, principalmente da produção agropecuária.

MOEDAS NACIONAIS

Comprar dólares já representou uma ótima aplicação financeira, mas atualmente (2011) ele está muito instável. O euro também vem perdendo valor.

ARMAZENAR OURO

A atividade de compra de ouro tem aspectos positivos e negativos.

Os aspectos positivos são: a) ouro é bem de raiz, ele tem lastro; b) a barra metálica ocupa pouco espaço; c) é uma aplicação de ganhos certos (mas modestos).

Os negativos são: a) difícil de guardar e b) na hora de vender perde-se algo.

CADERNETA DE POUPANÇA

O depósito em uma caderneta de poupança é a aplicação mais conservadora que existe e, possivelmente, a mais segura. De imediato, se ainda não decidiu o que vai fazer com o capital acumulado, deixe na poupança. Verá que quase não se ganha nada, mas provavelmente não perde.

Capítulo 34
OCUPAÇÕES POSSÍVEIS

O tempo não passa para quem não tem o que fazer. É verdade, ficar parado o tempo todo não é bom, além de fazer mal para a saúde, antecipa o prazo de validade da pessoa e diminui a expectativa de vida. Por isso, não pare.

POR FAVOR, OCUPE-SE!

Este talvez seja o capítulo mais importante deste ensaio. Porque é geral e diz respeito a quase todos. Admitindo-se como pressuposto esse verdadeiro dogma dos aposentados — podendo, ocupe-se com alguma coisa! — é preciso saber o que vai fazer, que novo esforço exercerá, com o que se entreterá.

Eu me recordo de duas colegas de serviço a quem um dia recomendei que fizessem o curso de Direito. Elas se formaram e exercem a profissão de advogadas, mas na ocasião da proposta me retrucaram dizendo que eram cinco anos, muito tempo. Já pensou? Eu obtemperei que o tempo caminharia de todo modo.

Ocupar-se não é para o tempo passar; afinal, ele passará mesmo. A ideia é fazer alguma coisa útil, interessante, gostosa, que lhe restitua ou dê autoestima. E quiçá, até algum dinheirinho extra, que não fará mal nenhum.

Caso sinta vontade de não fazer *niente più* e isso não lhe fizer mal à saúde física e mental (têm pessoas que nasceram assim; não provieram dos macacos, mas do bicho preguiça), encoste-se a um belo barranco e espere qualquer desejo iminente de trabalhar ir embora. Escolha um barranco bem longe de sua casa, pelo menos para ter de caminhar até lá.

SIGNIFICADO DO "TRABALHAR"

Existem vários tipos de labor jubilatório. Em diferentes níveis, desde o mínimo (apenas pagar contas, cuidar dos netos, ajeitar alguma coisa em casa) até voltar ao trabalho duro.

O ideal é não ser empregado, ficar sem bater ponto, obrigar-se a alguma coisa e principalmente ter de se transportar. A condição de autônomo, para isso, é ótima.

Outro patamar e com redução do esforço físico ou intelectual é ser um microempresário. Nesse sentido, tome muito cuidado, não aplique todas as suas reservas financeiras nesse empreendimento. Muitos deles costumam fracassar porque estavam mal concebidos. Uma banca para vender jornais vai bem, mas verifique se não existem dez outras delas por perto.

Muitas mulheres aposentadas, com um capitalzinho à mão logo tratam de montar uma lojinha de roupas. Estão tão felizes em serem patroas que não repararam quantas existem na mesma rua ou que já fecharam. Cuidado, faça uma pesquisa de mercado antes.

Quem se aposenta precocemente costuma raciocinar assim: vou continuar trabalhando uns dois anos, viver com o salário e guardar o valor da aposentadoria para uma poupancinha. Ao final dos dois anos verificará que não economizou nada, acabou gastando o dinheiro e teve de trabalhar mais.

Se você não é articulado para essas coisas, disciplinado e perseverante, não faça isso, vá gozar a vida.

PRÁTICA DO VOLUNTARIADO

O voluntariado, adotado principalmente pelas mulheres, é bastante frequente em quase todas as cidades. Dá significativa satisfação psicológica, compensa alguns pecadilhos cometidos no passado e gera indulgências plenárias.

Ele é definido como toda atividade não remunerada, prestada para terceiros com objetivo cívicos, culturais, educacionais, científicos, recreativos ou de assistência social e como ocupação do aposentado.

Quando você estava trabalhando, às vezes era obrigado a dar caneladas nos outros porque a atividade profissional é competitiva (ou levá-las na bunda); agora, você pode ser generoso e descobrirá a alegria de se doar.

Antes disso, planeje seu esforço voluntário:

a) Veja o que você pode fazer: ajudar com dinheiro, preparar alguma coisa, fornecer alimentos ou vestuário, etc.

b) Verifique em que local e para quem você vai doar o seu esforço e tempo. Colabore com quem precisa e quer ser ajudado.

c) Estabeleça o limite da sua autuação. Não assuma compromissos que não possa atender.

d) Procure saber qual é o resultado a ser atingido. Não perca o foco da sua atuação e não espere agradecimentos.

e) Defina o tempo que vai dedicar a essa atividade.

f) Avalie os recursos de que dispõe e as necessidades dos destinatários.

g) Lembre-se sempre: a pessoa que mais melhorará em razão do seu voluntariado é você. Se não conseguir assimilar isso desista, nem comece.

Melhor ajudar diretamente os que precisam do que fazer doações a entidades cuja idoneidade você não conhece.

MOVIMENTOS DA TERCEIRA IDADE

Pessoas físicas e jurídicas privadas e públicas estão criando movimentos, programas e ações para o pessoal da terceira idade. São associações, faculdades, oficinas, etc., um mundão de atividades recreativas.

Em todas as cidades existem essas organizações, procure conhecê-las e frequentá-las. Algumas preparam excursões religiosas a pé, a cavalo e de ônibus em direção à igrejas ou outros centros de entretenimento. Não deixe de participar.

COISAS BANAIS

Descubra o encanto das coisas banais, elas podem não ter valor para os outros, mas você se divertirá com algumas delas.

Aproxime-se da rodinha de velhinhos na pracinha jogando baralho, dominó ou pinchando conversa fora. Às vezes, eles demoram em aceitar forasteiros, mas verá que são todos iguais a você e o aceitarão.

Se descobrir que eles não conhecem as piadas que você tem no seu estoque, logo-logo eles ficarão encantados em ser seus amigos.

VIAGENS DE RECREIO

Viaje por esse Brasil afora, procure saber das excursões financiadas, saia da sua cidade, localize colônias de férias, pousadas praianas e hotéis-fazendas. A internet ajuda nessa procura.

O SESC tem sido responsável por algumas centenas de ônibus atravessando este País levando aposentados, principalmente mulheres, para as suas maravilhosas colônias de férias. Não deixe de conhecer a Colônia Ruy Fonseca, em Bertioga; sem qualquer exagero, é a melhor do mundo...

Muitas viúvas mudaram completamente de comportamento, renovaram os seus guarda-roupas, aprenderam a cantar ou a dançar, mantiveram o respeito pelos seus ex-maridos, mas estão passeando como nunca.

VISITA A AMIGOS

Bem, agora você tem tempo, visite os amigos em suas casas (telefone antes e, por favor, não vai à hora do almoço ou jantar), mas até mesmo se eles tiverem internados em algum hospital. Eles gostarão muito isso.

Escreva carta, telefone ou passe *e-mail.*

LEIA MUITO

Se você gosta de poesias, contos, histórias, aventuras, chegou a hora de escrever as suas. Participe dos concursos de poesias e contos.

Sabe aquele clássico que você sempre quis ler: *Vida dos imperadores romanos*, *As guerras púnicas*, *A conquista do México*, etc. Chegou a hora, não tenha pressa, leia devagar.

OUÇA MÚSICA

Você já deve estar cansado de ganhar pijamas, agasalhos, e outros quejandos no dia dos pais. Não tenha dúvidas, peça um iPod, eles guardam muitíssimas horas de música, escolha as suas, ninguém precisa saber que você gosta disto ou daquilo e nas caminhadas ligue o aparelhinho.

APRENDA A DANÇAR

Já pensou nisso, aprender a dançar? Se conseguir o mínimo, que não é tão difícil, poderá participar dos bailinhos da terceira idade.

Sendo viúvo, quem sabe lá não encontra uma viúva toda arrumadinha querendo o calor do seu inverno?

DOBRADURAS

Aprenda a fazer dobraduras, compre um desses livros que ensinam 1001 figuras. Se conseguir montar aquela esfera com as doze portas (unidade de papel, dobrado) vai ser um arraso.

PALAVRAS CRUZADAS

Resolver palavras cruzadas e até mesmo montá-las é uma ótima distração. Compre as revistas especializadas em charadas e enigmas. Sempre tem um porqueira de um articulista que assevera que isso não vence o Alzheimer, mas não tem importância, toque para frente.

PRATIQUE O *NOBOKU*

Compre um jogo de gô (quase ninguém o conhece), aprenda a jogá-lo, leve o tabuleiro para a pracinha e dê uma surra naqueles craques da dama.

"KATANDO" PALAVRAS

Criamos um entretenimento para a *Folha de Vinhedo*, semanário local. Publicamos semanalmente um vocábulo com muitas letras e desafiamos os desocupados a descobrirem as palavras ali contidas. É uma distração sadia que o fará recordar de palavras que há muito não utilizava.

Quer um bom exemplo: procure 22 palavras contidas na palavra

A M O R T E C E D O R E S.

ATIVIDADES PESSOAIS

Um dos melhores meios para fruir a aposentação é trabalhar em casa, ocupado em atividades artísticas como pintar, fazer escultura, xilogravura; cuidar da horta, jardinagem; praticar micromarcenaria; troca de correspondência; contar estórias; colecionar coisas; etc.

Isso, é claro, inclui frequentar a sua igreja.

NAVEGUE NA INTERNET

Não custa aprender o que a internet tem para ensinar. Ela abre um mundão; uma pena que você tem de ficar sentado, por isso não abuse da sedentaridade.

Navegue por cidades, museus e lugares que você nunca poderá ir. Vai se surpreender com as belezas deste mundo.

FAÇA UMA FACULDADE

É bastante comum pessoas que desejaram fazer um curso de Direito e não puderam; agora é a hora, existem muitas faculdades e você deve tentar sem pensar em se tornar um grande advogado, mas esse ensino lhe propiciará grande conhecimento humanístico, vai ajudá-lo pessoalmente, fará novos amigos e ocupará o seu tempo.

Se for o caso faça uma faculdade da terceira idade, procure aquilo que gostaria de ter feito, mas as necessidades o obrigaram a palmilhar caminhos diversos no começo da vida.

ESPORTES COMPATÍVEIS

Além de caminhar sempre, o esporte mais simples que existe, você pode jogar bocha, malha, praticar esportes adequados à sua idade.

CAMINHADAS DIÁRIAS

Agora vamos falar um pouco da caminhada, o mais barato dos remédios para cumprir a recomendação dos médicos de fazer exercícios. Primeiro, consulte o seu cardiologista para saber da sua capacidade ergométrica. Depois arranje o equipamento, um ou mais pares de tênis adequados.

Procure o lugar ideal, sempre existe, evite avenidas movimentadas porque senão vai respirar gás carbônico o tempo topo. Se for o caso dê voltas na pracinha. Para se distrair, observe o mundo que o rodeia. Andar não faz mal a ninguém e vai melhorar a sua respiração.

Pesquisadores da Academia Americana de Neurologia Saint Paul, Minnesota, sustentam que caminhar 15 quilômetros por semana dificulta o Mal de Alzheimer. Dos 300 voluntários acompanhados, 116 deles foram beneficiados e os efeitos da doença foram bem menores.

AUTOBIOGRAFIA

Por último, uma respeitável sugestão: escreva a sua biografia. Pare, faça um balanço da sua vida, relembre as coisas boas e conte a sua estória. Claro que ela não será inteiramente verdadeira, mas será a oportunidade de você se avaliar. No fim, quer saber, vai ser aprovado.

CLUBE DE APOSENTADOS

Uma boa prática é organizar grupos de casais aposentados que saem juntos.

Capítulo 35

JUBILAÇÃO DOS DIFERENCIADOS

Uma nova existência que espera os aposentados não é igual para todos. As recomendações aqui indicadas valem para a maioria das pessoas. Alguns, desfrutando de meios para isso, dispõem de condições de viver outro padrão de algum sossego, boa recreação e ótima inatividade.

PROFESSORES

Geralmente com pouca idade, os professores jubilam-se cinco anos antes que os outros segurados. Após o afastamento do trabalho muitas vezes continuam ensinando.

Podem dar aulas particulares como autônomos e, se gostam, também elaboram manuais, cartilhas e até livros didáticos sobre a sua especialização. A experiência adquirida ao longo da vida os ajudará muito nessa nova tarefa, que será compensadora.

Muitos se decidem e fazem uma nova faculdade, sendo comum se formarem em Direito. Acham bonito ver o desempenho daqueles advogados americanos nos filmes. Mas o que eles mais fazem é ensinar professores em início de carreira.

JOGADORES DE FUTEBOL

Salvo hipóteses excepcionais, no comum dos casos entre 33 e 38 anos os jogadores de futebol perdem as condições físicas para o exercício do esporte e tem de se retirar dos estádios. Os que foram tidos como craques puderam reunir certo capital, cuja administração, para eles sem experiência nesse tipo de negócio, é muito onerosa. Os futebolistas aposentados justificam a elaboração de uma cartilha que os ensine a investir os extraordinários ganhos da sua juventude e maturidade.

Geralmente, os que economizaram têm ótimas condições de se estabelecer em algum empreendimento e continuarem a obter meios ideais de subsistência, conforto e liberdade. Aposentam-se como atletas, mas continuam trabalhando em outra atividade, raramente como empregados.

Alguns mais destacados transformaram-se em técnicos (Felipão), treinadores (Muricy), dirigentes (Platini) outros em comentaristas de TV (Casagrande) e uma minoria, em empresários.

Edison Arantes do Nascimento, o Pelé, nos deu um exemplo magnífico de quem soube parar na hora certa com plena fama (e até abusou das despedidas). Um dia, deixou de jogar futebol, mas não parou profissionalmente de trabalhar. Mudou de ocupação e quase 40 anos depois se mantém na mídia, apresentando-se aqui e acolá, fazendo comerciais, viajando e ganhando muito dinheiro; possivelmente, mais do que quando jogou bola. Teve o discernimento de resistir a ideia e não querer ser técnico nem dirigente de futebol.

OUTROS ESPORTISTAS

Boa parte das recomendações aos jogadores de futebol vale para os tenistas famosos (Guga), pilotos vitoriosos de automobilismo (Sena), praticantes de voleibol (Giba) ou do basquete (Oscar). Quase todos, provindos de família mais articuladas, puderem reunir pequenas fortunas.

Sua preparação para novas atividades é mais difícil e possivelmente têm de ficar na mesma área, como professores, instrutores e treinadores.

CELEBRIDADES

Algumas pessoas tornam-se célebres e se mantêm na mídia por algum tempo, mas um dia caem no ostracismo.

São os artistas de cinema ou de TV, cantores e modelos. Antes de abandonarem totalmente a condição que lhes grangeou a notabilidade passam por uma fase de viver em segundo plano, tentando-se manter como conhecidos (no comum dos casos, sem o conseguir).

É triste ver velhos artistas de cinema fazerem curtas participações, às vezes ridículas, nos seriados de TV americana. É visível o tratamento de artista de segunda categoria e serem falsamente respeitados pelos mais jovens.

Por fim, como os atletas, se economizaram recursos viverão a aposentadoria com as reservas acumuladas, mas caso contrário, terão de ir para a Casa dos Artistas.

Os notórios têm o péssimo hábito de não cuidarem da sua aposentadoria, julgando que sempre estarão no topo do mundo. Isso é um erro e eles ignoram que podem manter um elevado padrão de vida caso assumam o dever de contribuir para isso. Principalmente na previdência aberta.

REFORMA DOS MILITARES

Os militares exercem um papel diferenciado na sociedade. Geralmente são profissionais, desenvolvem a carreira castrense por toda a vida e certo dia eles são transferidos para a reserva (uma espécie de disponibilidade remunerada) ou reformados (aposentados).

Normalmente continuam sendo respeitados como tais e, quando capacitados, são aproveitados na vida civil, principalmente na área de segurança.

Enfrentam outro tipo de problema que é adaptação à vida civil, carecem fazer novos amigos e frequentar ambientes inusitados para eles.

PROFISSIONAIS LIBERAIS

Entre outras, pelo menos três categorias de profissionais liberais raramente param de trabalhar. Eles recebem as mensalidades da aposentadoria, mas continuam atuando como sempre. São os advogados, os engenheiros e os médicos. Até porque na altura dos 50/70 anos eles estão no auge do crescimento e amadurecimento profissional.

Não botam o pijama e nunca são vistos nas pracinhas jogando conversa fora com os demais aposentados. Eles experimentam três fases importantes:

a) requerimento do benefício;

b) pequena redução do ritmo (quase todos têm serviços em andamento); e

c) afastamento final da atividade profissional.

De modo geral, agora, são consultores...

EXCEPCIONALMENTE QUALIFICADOS

Existem pessoas intelectualmente bem dotadas, que desenvolvem extraordinária capacitação para o exercício de uma profissão, ofício ou ocupação.

Quase tudo o que fazem é ótimo e, sabendo-se úteis, elas têm enormes dificuldades para parar. São vítimas de uma síndrome: aproveitar ao máximo o seu dom.

Precisam aprender que somente podem ter três refeições por dia, dirigir apenas um carro de cada vez e não devem imaginar que o seu túmulo tenha de ser o mais bonito do cemitério.

Se você é um deles, pare, deixe um pouco para os outros, descanse, não faça nada, aproveite a aposentadoria. Você merece.

AUTOSSUFICIENTES

Existem indivíduos que vivem de rendas, fruto de patrimônio próprio ou herdado e que não dependem da previdência social para subsistir. Geralmente costumam administrar os seus recursos econômicos ou financeiros até o último momento de suas vidas.

Normalmente, como os bem-sucedidos, se o seu trabalho não fora tão desgastante como administrar suas fortunas, aposentam-se de modo inusitado, fruindo o que têm acumulado.

Capítulo 36
PLANEJAMENTO DA APOSENTAÇÃO

Há quem pense que logo que se aposentarem as pessoas não mais se preocuparão com dinheiro, mas não é assim. Os jubilados têm de acompanhar tudo o que acontece à sua volta, na economia do País e com a previdência social, para que possam usufruir de um merecido descanso relativamente tranquilo.

Evidentemente isso é um ônus com o qual não contavam, mas a proteção social está em transformação no mundo todo e não há como evitar as mudanças. É só pensar que antes de Otto von Bismarck (1815-1898) já foi pior...

Os complementados têm uma enorme dificuldade para aceitar as inovações acontecidas nos regulamentos básicos dos fundos de pensão, calcados em uma falsa ideia do que seja o direito adquirido: gostariam que tudo aquilo que foi oferecido quando se inscreveram ficasse assim para sempre.

Seria ótimo, bom, desejável, quem não quer? Receia-se, porém, que infelizmente existe o direito e a necessidade de mudanças e eles têm de ser compreendidos. Outra opção é desgastar-se, irritar-se e sofrer...

APOSENTADORIA DOS SONHOS

Podemos imaginar a melhor atividade do mundo (não fazer absolutamente nada, só viajar num iate maravilhoso), a ocupação mais interessante (como ser juiz do concurso de beleza) e o emprego mais lúdico do mundo, e até realizar um deles, mas é difícil atingir a aposentadoria dos sonhos.

Normalmente se pensa numa casa na praia, de frente para o mar, ou numa montanha de onde divise um lago azul, um sítio com galinhas, um pomar e uma horta. Tudo isso com saúde, uma boa renda mensal e a certeza de que o direito adquirido não permitirá quaisquer mudanças.

Bem, tente adequar essa quimera às suas condições pessoais.

APOSENTADORIA IDEAL

A aposentadoria perfeita é aquela que permita os meios dignos de subsistência, desde a aposentação até a derradeira mensalidade do benefício, principalmente levando em conta o momento em que a curva das despesas com a saúde cruza com a diminuição de outras despesas pessoais.

NECESSIDADE DO PLANEJAMENTO

Uma aposentação tem de ser planejada com relativa antecedência. Ninguém pode deixar para a última hora ou pensar no assunto quando sobrevier o fato determinante.

As aposentadorias programadas podem ter datas pré-fixadas. Um professor e um idoso sabem quando se dará a sua aposentadoria. Qualquer preparação pressupõe um estudo sério: as condições atuais da previdência social.

Nossa legislação é dinâmica e muda com alguma frequência. O pior é que não se sabe qual interpretação prevalecerá, precisando aguardar algum tempo e o aposentado não tem tempo para isso.

Existem alguns programas de governo que precisam ser conhecidos.

Tendências são perceptíveis. Infelizmente para os países do terceiro mundo o avanço da previdência complementar aberta significa a redução dos programas básicos estatais.

De modo geral caminhamos para uma previdência básica, pública e estatal com valores baixos, muito assistencialismo e o fim da aposentadoria por tempo de contribuição. Quem não se concentrar na qualificação profissional terá um futuro amargurado, porque o Estado o decepcionará como gestor da previdência social.

É preciso conhecer o cálculo do valor dos benefícios.

A possibilidade de complementação aberta ou fechada é um mecanismo que pode permitir uma aposentadoria mais digna.

Quem puder desenvolver outras fontes de renda terá mais chances de ter sucesso nesse empreendimento.

DATA DO AFASTAMENTO

O segurado tem de fixar para si, com possibilidade de pequena dilação, o dia em que vai se aposentar. Uma decisão difícil, mas necessária. Filosoficamente, não cabe pensar que pode aumentar o capital porque a renda mensal possa ser maior, pois o período de fruição da liberdade será menor. Quanto antes, melhor, terá condições de reprogramar a sua vida mais cedo. Fazê-lo já na velhice ou na senilidade é complicado ou impossível.

Há uma imagem na internet que mostra bem a dificuldade das pessoas em eleger esse momento: uma senhora idosa tentando cobrir uma palavra na tela do computador com aquela tinta branca que se usava nos textos datilografados...

ESCOLHA DA RENDA

A renda mensal dos dois principais regimes é vitalícia, sem importar que o aposentado tenha diminuído ou aumentado os seus encargos pessoais e familiares. O valor da complementação pode ser de dois tipos: a) renda vitalícia menor e b) renda programada maior. Se você tem reservas ou familiares que possam ajudá-lo (caso seja preciso), aposte na renda programada maior.

A partir de uma avaliação pessoal envolvida com os seus ascendentes opte por uma dessas duas soluções (podendo até mesmo revê-las mais adiante): é preferível viver melhor pouco tempo ou viver pior até morrer.

FONTES DE MANUTENÇÃO

Coloque num papel quais serão as rendas da inatividade: a) benefícios previdenciários; b) prestações da previdência privada; c) resultado de aplicações; d) aluguéis; e e) outras rendas.

Pondere quais estão garantidas, as de risco e em termos de aplicações seja sempre conservador.

Já passou o tempo de você querer ganhar direito nos jogos financeiros; agora, é a hora de garantir o que já tem e no máximo driblar a inflação.

CUSTO DO INVESTIMENTO

Uma vez estipuladas quais serão as rendas mensais da aposentação determine qual será o custo da futura manutenção desses benefícios. É bom saber: com o aumento da expectativa de vida ele avoluma-se significativamente. Aliás, abrir uma farmácia é um ótimo negócio...

REVISÕES PERIÓDICAS

A vida das pessoas muda muito com o tempo, às vezes os encargos diminuem com uma perda familiar. Noutras circunstâncias, eles aumentam (ter de criar um neto). Em muitas hipóteses, as rendas programadas dependentes de aplicações não se realizam. Daí a necessidade de revisões periódicas do planejamento.

DIVERSIFICAÇÃO DAS APLICAÇÕES

É assente entre os financistas que ninguém deve colocar todos os ovos na mesma cesta e que a diversidade de aplicações é absolutamente imprescindível.

Os investimentos de risco reclamam muitos cuidados, conhecimento da matéria e acompanhamento.

AJUDA DE PROFISSIONAIS

Logo, a busca de profissionais habilitados, técnicos de confiança e conhecedores da matéria é o primeiro passo a ser dado.

Capítulo 37

CONSELHOS AOS MAIS VELHOS

Alhures, dizem que se os conselhos fossem bons não seriam dados, mas, com certeza, alguns podem ser úteis.

Máximo Gorki (1868-1936) disse:

"Procura amar enquanto viveres: o mundo ainda não encontrou nada melhor."

NUNCA PARE DE SONHAR

A falta de condições em virtude dos parcos recursos de que dispõe ou outros motivos não devem impedi-lo de desejar alguma coisa sonhada.

Não deixe de pensar naquela viagem ao Taj Mahal, naquela montanha densamente arborizada que gostaria de comprar em Minas Gerais e no Mustang 1975, branco e vermelho, ambicionados durante tanto tempo. Quem sabe você acerta a quina na mega sena e realiza um desses sonhos ou todos eles.

Mas caso isso se realize plenamente, não se esqueça, imediatamente comece a prelibar novamente. Seria maravilhoso, mas, por favor, não idealize em subir ao Everest, pilotar um avião de caça ou praticar o *bad jumping* (esporte de jovens). Não é para você.

Tenha consciência da potência das suas condições físicas e, em contrapartida, dos ilimitados poderes do seu cérebro. Nem tudo o que pode conceber será capaz de realizar.

Alimente suas ambições, você tem tempo para pensar nelas e até, quem sabe, realizar as compatíveis.

Nunca se apegue ao impossível. Isso vale para a vida e para o período da aposentação. Pode dar um pequeno passo maior que a perna, mas certifique-se antes que o chão não está escorregadio.

Envelhecer bem é saber administrar as suas limitações. Houve um tempo que você se reunia com os amigos e o assunto era o motel novo que haviam inaugurado ali por perto; tempos depois, alguém falava de um restaurante barateiro que servia a *paella valenciana*, mais tarde o tema passou a ser aquela farmácia da Praça da Sé que dava desconto e agora o assunto é o plano de saúde.

DESCUBRA ALGUM POTENCIAL

É possível que o trabalho profissional e os fatos da vida tenham forçado a submergir vários potenciais pessoais, profissionais e artísticos. Eles ficaram latentes, ignorados, e você julga que não possam ser redescobertos. Ledo engano.

Osmar Santos, um renomado comentarista de futebol (lembra-se do "pimba na gorduchinha"?), depois do seriíssimo acidente automobilístico que o invalidou para o rádio e a TV, tornou-se um ótimo pintor.

Às vezes, uma capacidade inesperada estava escondida e você tem de fazê-la emergir. Só tem um jeito: experimentando.

Preso ao leito de um hospital um mediano jogador de futebol espanhol desistiu de sua carreira de esportista e se tornou um dos cantores mais conhecidos do planeta: Julio Iglesias.

VENÇA SUA DOENÇA

Se você é portador de uma doença crônica, dessas que infernizam a vida dos mais velhos, pesquise tudo o que puder sobre ela, estude-a bastante, procure o melhor tratamento que puder, tente a cura subjetiva, esforce-se para vencer essa enfermidade.

Não desista nem se limite à medicina tradicional, o que importa é ter saúde. Lembre-se do óleo de Lorenzo (que curou a adrenoleucodistrofia do filho de um americano).

FIXE META OCUPACIONAL

Escreva numa folha de papel quais são os seus objetivos, programe o que você pretende fazer e escolha as datas.

Assisti certa comédia americana, não me lembro do nome, em que o personagem principal sonha o tempo todo sobre o momento em que ele irá para um rancho no alto da montanha isolada e escreverá o melhor livro do mundo.

Sua mulher o acompanhava nessas cogitações, dá-lhe o maior apoio, ela também escreve alguma coisinha.

Toda a vida do casal girava em torno desse ideal. Chegou o dia: ele se prepara, máquina de escrever elétrica, bastante papel, uma janela que dá para um lago bonito e... não consegue escrever nada.

O tempo passa, a família vivendo em função disso e esperando a obra-prima, e um dia chega um envelope com um livro publicado pela sua mulher. Ela o escrevera enquanto ele mirava o exterior em busca de inspiração.

Tiveram de se separar depois da violenta briga.

CONHEÇA SEU VIZINHO

Se você não tem amizade com o seu vizinho, procure conhecê-lo.

Comece, levando uma cesta de frutas. Se ele mora ali há tempos, vai estranhar um pouco, mas ficará contente. Já pensou se ele também gosta de xadrez? Ou se é um ótimo cozinheiro, que lhe dará receitas novas?

Se o vizinho mais próximo não quer conversa, tudo bem, isso existe, passe para o seguinte. Não peça nada, apenas ofereça, de preferência à sua amizade.

ANDE PELA SUA CIDADE

Coloque um par de tênis confortável, um chapéu de abas largas para se proteger do sol, plastifique uma fichinha com o seu nome, telefone e endereço (para a remota hipótese de esquecer onde mora), avise os seus familiares que vai dar uma volta e saia para passear.

Cuidado ao atravessar as ruas. Se você tiver vergonha de pedir que lhe ajudem, não sabe envelhecer. E tome cuidado com aqueles jovens escoteiros que querem ajudá-lo a atravessar a avenida. Só o permita se essa for a sua intenção...

Gire em torno do bairro e se morar numa cidade pequena procure conhecê-la por inteiro, leia as placas dos logradouros, tente saber quem foi aquela pessoa ali homenageada. Note que você está caminhando, o que é um exercício ótimo.

Veja as pessoas, observe o seu comportamento, tente imaginar o que fazem, para onde estão indo, como vivem e o que pensam. Se ficar cansado, pare, sente-se num banco de jardim, acomode-se e olhe ao seu redor. Já pensou em observar alguém até adivinhar a sua profissão? É um ótimo exercício... Mire para vida que flui por ali, observe as formigas andando de lá para cá, pense que você foi colocado neste mundo por alguma entidade superior a despeito do seu livre arbítrio. Chegando em casa, faça um resumo escrito do que viu.

Lembre-se: o mundo continuará mais ou menos igual quando você o deixar, com os seus problemas e soluções. E seu pai passou por isso, e também o seu avô, bisavô, etc. Vamos torcer para que em algum paraíso nos encontremos todos: já pensou a farra que será?

Teve um aposentado que se preocupou em saber qual era a maior calçada contínua de São Paulo (os quarteirões costumam ter cerca de 100 metros) e percebeu que saindo do Largo de São Bento, descendo pelo lado esquerdo da Rua Florêncio de Abreu, virando a esquerda na primeira rua, chegou ao Vale do Anhangabaú, foi até a Avenida São João, subiu a Rua Libero Badaró e chegou ao Viaduto Santa Ifigênia, desceu a Rua do Seminário, virou a Rua Brigadeiro Tobias, subiu uma rua, entrou na Rua Casper Líbero, tomou novamente o Viaduto Santa Ifigênia (agora do outro lado) e foi até o Largo de São Bento, sem nunca deixar a calçada. Ufa! Que descoberta.

Tente fazer o mesmo na sua cidade.

AVALIE SUA AUTOESTIMA

O que você pensa de você? Se se sentir um fracassado, tem de mudar de ideia; pode não ter tido grande sucesso na vida por vários motivos, mas ainda é tempo de ser um vitorioso.

Caso se julgue um sabe-tudo, reflita sobre o seu conhecimento, cultura e sabedoria e contenha-se um pouco. Aprenda com os outros. Nessas ocasiões, abaixar a bola é bom.

Não é possível que você tenha perdido todas, com certeza algumas você ganhou, é só procurar com cuidado.

MUDE DE VIDA

Agora que você não depende tanto do emprego ou da atividade, mude de vida, toque outra coisa, diferente daquilo que fazia antes, tente consumar o que nunca pode realizar.

EXPERIMENTE ENTENDER OS JOVENS

Ainda que não seja o que você considera o ideal, a roda de vida tem algumas regras. Há certo descompasso em como você se conduziu e como atualmente vivem os jovens. Aparentemente eles têm mais conforto, facilidades que você não experimentou e aproveitam melhor a vida.

Se eles o ouvirem, tente passar-lhe algumas experiências que ajudam a todos, mas não pretenda mudá-los tanto, faça um esforçozinho para compreender os seus valores. Com bastante clareza e sem julgá-los, condene o álcool, o cigarro e as drogas.

NÃO FIQUE SE LAMENTANDO

Por favor, o pior aposentado é o hipocondríaco, aquele que só fala de doenças e, principalmente, das suas enfermidades. Teve um alemão, um dos homens mais importantes da história da música e ficou surdo, já pensaram! escreveu o momento mais lindo que é a Nona Sinfonia.

HÁBITOS DOMÉSTICOS

Se você vive com um filho ou uma filha, cuidado com o seu comportamento; cuide da higiene pessoal, não incomode muito a tua nora ou o teu sogro com os teus achaques.

Somente dê opinião se for solicitada. Evite dizer que no seu tempo não era assim ou assado, e que era melhor. A discussão é bizantina e se você não sabe o que essa palavra significa vá até o dicionário, se não tem, compre um. Já experimentou ler uma enciclopédia?

SABEDORIA DOS IDOSOS

A sabedoria não é apanágio da idade avançada; trata-se de um dom que se aperfeiçoa com o passar do tempo, como é o dom da música, da pintura, das aptidões esportivas.

Confundida com a cultura, o conhecimento ou a experiência, nasce-se com ele ou não. Tente passar o que você aprendeu para os mais jovens, mas não se julgue um sábio só porque está bem aposentado.

Quando fizer uma avaliação de si próprio, abaixe um pouco a bola, certamente você não é tão sapiente quanto julga que seja. Proceda conforme os seus limites de visão do mundo e se dará melhor.

"Sucesso é tudo, fracasso é comum; a maioria vive no meio-termo. Felizmente, nunca sabemos bem onde estamos", dizia Donald Barthelme (1931/1989).

FAÇA PALAVRAS CRUZADAS

Vamos repetir. Lemos nas revistas e jornais que resolver charadas, fazer palavras cruzadas, tentar resolver enigmas matemáticos, cubos, etc., seria ótimo para vencer o Alzheimer.

Ocupar o cérebro forçaria a circulação e com isso maior saúde coronária. Depois veio a notícia que o efeito é mínimo; talvez 5% ou 6%. Mínimo, uma ova; você deixa a sua mulher sossegada e passa o tempo sem importuná-la com os seus achaques e reclamar do governo. Em todo o caso, com certeza mal não fará.

VÁ PESCAR

Olha, pescar não é pegar peixes. É mais do que isso. É preparar a tralha, examinar a vara, os anzóis, a carretilha e as iscas (minhocas são as melhores). Arrume um lanchinho, muita água e um baita chapelão, passe protetor solar e uma boa companhia. Mulher não serve para essas coisas, pior se for uma daquelas que pesca melhor que os homens. À tarde, vai voltar bastante cansado e com poucos ou nenhum peixe, não importa.

Capítulo 38

VIDA DOS INTERNADOS

Ok, amigão! A vida lhe pregou uma peça: os seus familiares preferem que você viva a sós, numa clínica de repouso, ou o que não é tão bom assim, que passe o resto da sua vida num asilo de idosos.

A decisão de viver separado dos seus também pode ter sido sua e, nesse caso, certamente dirá respeito a ir morar sozinho ou em um condomínio de idosos.

MELHOR DO QUE ESTAR INTERNADO EM UM HOSPITAL, NÃO É?

Bem, quando decidida por terceiros, geralmente pelos filhos, esta condição pode ser dolorosa (dá nitidamente a ideia de abandono, rejeição ou distanciamento), mas seguramente será melhor do que conviver com quem não quer a sua presença, ainda que estejamos falando dos familiares.

TIPOS DE INSTALAÇÕES

Hierarquizados segundo as condições de habitabilidade, conforto e companhia, na medida das condições financeiras dos aposentados e dos seus parentes, temos os asilos, as clínicas de repouso, os hotéis e esses raros condomínios de idosos.

Essas entidades têm alguma experiência como tratar os velhinhos e conhecimento suficiente para que os falecimentos ali ocorridos sejam discretamente conduzidos, evitando traumas nos demais internados.

Quando da internação, se você puder, procure se informar a respeito da administração, das cuidadoras, das enfermeiras e dos médicos atendentes. Vez por outra, os administradores aparecem na TV e não é dando entrevistas. O máximo que falam é: "assim que for notificado da acusação o meu advogado responderá".

VIDA ASILAR

Embora estigmatizados historicamente, os asilos geralmente são públicos e, por conseguinte, oferecem condições mínimas de existência, raramente com habitações individuais, mas geralmente são coletivas, e razoáveis no que diz respeito à alimentação e ao vestuário.

Os colegas dos velhinhos são sempre pessoas idosas ou portadoras de algumas enfermidades limitadoras da movimentação.

CLÍNICAS DE REPOUSO

As clínicas ou casas de repouso são estabelecimentos particulares que oferecem melhores condições, mas tanto quanto os asilos são instalações coletivas e destinadas a idosos, doentes ou aposentados com menor idade.

Costumam ter uma boa estrutura, bastante assistência médica e instalações adequadas para um convívio razoavelmente aceitável. O melhor que existe para quem pode pagar as suas mensalidades.

CONDOMÍNIOS DE IDOSOS

Estas instituições são novas e para pessoas com recursos que podem viver sozinhas ou até com os cuidadores, em suas próprias residências.

VISITAS DOS FAMILIARES

Tanto nos asilos quanto nas clínicas existem dias aprazados para as visitas que são aguardadas com muita ansiedade, especialmente nos aniversários dos aposentados.

FESTINHAS PERIÓDICAS

Quase sempre acontecem festinhas, com alguma música, comes e bebes adequados ao pessoal da terceira idade. Isso os distrai e é ótimo para a autoestima normalmente baixa.

ANIVERSÁRIOS DOS INTERNADOS

Os aniversários de cada um devem ser festivamente comemorados. A presença da família é muito importante nesses momentos, sabendo que a ansiedade é uma característica de quem está afastado da família.

DIA DAS MÃES E DOS PAIS

Estas datas podem ter sido criadas pelo comércio, mas o certo é que reúnem as pessoas, há alguma troca de presentes e isso é bastante relevante para os idosos.

FESTA DO NATAL

O dia de Natal é uma festa cristã coletiva e os festejos devem ser organizados pelas instituições, particularmente a Noite de Natal, a ser vista como comemoração do natalício de Jesus e não o dia do Papai Noel.

VIDA A SÓS

Quem resolveu viver só ou foi obrigado pelas circunstâncias, se tiver condições físicas na medida do razoável deve movimentar-se o máximo possível e, se for o caso, fazer visitas ou simplesmente andar pela cidade.

Capítulo 39

O CASO DA VIDA

Este é um capítulo que deveria ser escrito por um idoso e não por um velho.

LITERATURA APROPRIADA

Não há muita literatura sobre o assunto; ninguém gosta de pensar no preâmbulo da morte, especialmente na própria. Bobagem; se nós não pensássemos nisso a evitaríamos, tudo bem.

Aliás, a civilização ocidental nos deve uma preparação individual e social para o desenlace final do ser humano.

Clarice Pierre diz: "Hoje vivemos como se jamais fossemos morrer" e ela acresce: "Não nos é ensinado a renunciar a apegos materiais e emocionais" (*A arte de viver e de morrer.* São Paulo: Ateliê).

OPINIÕES VARIADAS

Há quem sustente não haver interesse nesses pensamentos, mas verdadeiramente o que querem dizer é que não se convém ficar imaginando nos momentos finais da última viagem. Porque gostariam de ter feito mais do que fizeram; também é asneira.

Alguns alegam que gostariam de morrer com mais de 98 anos de idade fugindo de um tiro nas costas saltando uma janela. Brincar com esse tema talvez seja uma forma de ignorá-lo e todos os aposentados, especialmente quando idosos, sabem que é uma questão muito íntima e pouco compartilhada, até mesmo com a família.

Como outras, essas considerações são muito pessoais, íntimas mesmo, e cada um sabe que não há como comunicar as apreensões.

MEDO DE MORRER

De modo geral os idosos não têm medo de morrer, sabem de sua inevitabilidade, o que os angustia é dar trabalho para os outros, sofrer na cama e aquela sensação de que em suas vidas faltou alguma coisa.

Martin Luther King (1929-1968) disse que: "Nenhum homem é livre se tiver medo de morrer".

A frase é bonita, mas não necessariamente verdadeira; a maior parte das pessoas tem esse medo e ele é muito natural; depois de conhecer a beleza vida, por que deixá-la?

Não lamente ter de abandonar este mundo. Primeiro, porque não adiantará nada. Em segundo lugar você acabará fazendo uma lista enorme das coisas que perdeu, provavelmente se esquecendo as coisas boas que aproveitou. Acabará descobrindo que pessoas piores e melhores do que você tiveram de seguir o mesmo caminho, o que nos iguala a todos, em certo sentido, a humanidade.

Tenho um dó danado dos que são ateus porque nesses minutos finais o que nos consola é saber que a despeito das religiões, e melhor com elas, ir para o céu é um grande conforto.

Não tenha medo de qualquer juízo final. Deus é bom e vai perdoar tudo, menos alguns pênaltis que o Palmeiras perdeu...

GABRIEL GARCIA MARQUEZ

Recebi um *e-mail* com uma belíssima mensagem de Gabriel Garcia Marquez ("Um gênio se despede..."). Entre outras grandes verdades, ele diz que: "Aos homens eu provaria o quanto equivocados estão ao pensar que deixam de se apaixonar quando envelhecem, sem saber que envelhecem quando deixam de se apaixonar".

Bem, é possível que mesmo apaixonados nós envelhecemos, mas com segurança, se vivermos apaixonados, nossa velhice não será tão dura.

Depois ele garante. "O amanhã não está assegurado a ninguém, jovem ou velho. Hoje pode ser a última vez que veja aos que amas. Por isso não espere mais, faça hoje, já que se o amanhã nunca chegar, seguramente lamentará o dia em que não tomastes tempo para um sorriso, um abraço, um beijo e que estiveste muito ocupado para conceder-lhe um último desejo".

Tudo isso é uma enorme verdade.

Certa feita uma senhora de 76 anos casada com um homem de 92 anos me disse que além das limitações, o pior de tudo era a certeza de que não havia esperança de melhora, que tudo piorava e a qualquer momento ficaria viúva. Chocado com a observação fiquei sem saber o que falar e como estávamos andando continuamos em silêncio, eu pensando no que dizer a uma católica apostólica praticante. Por fim lhe disse: — A senhora tem ideia da nossa idade quando nos reencontraremos lá?

PENDÊNCIAS PESSOAIS

Uma coisa relevante é deixar resolvidas as pendências patrimoniais, documentais e de última vontade. Estas não podem ser delegadas, abandonas ou deixas ao léu. A imprevidência poderá gerar conflitos entre os herdeiros. Não faça isso, resolva tudo antes. Inclusive penso em montar uma belíssima charada e esconder uma pequena fortuna em algum lugar de difícil acesso, para que os meus filhos ou netos se ocupem algum tempo e aprendam mais alguma coisa.

SORTE DE QUEM VIVEU BEM

Usualmente, crê-se que aqueles que lograram viver bem, têm a consciência limpa, souberam fixar objetivos para os últimos anos, e não fizeram muito mal a terceiros, sem nada ficar devendo, tendo cumprido sua missão aqui na Terra (ufa!), poderão enfrentar os últimos momentos com serenidade, dignidade e a convicção de que se trata de um processo natural que teria sido instituído por um ser superior e deixado por conta da natureza.

Fazer o quê?

LIÇÃO DOS JUDEUS

Daí a ótima lição dos judeus; eles são ótimos! O médico deixara o quarto e dirigia aos parentes próximos aquele olhar indicativo de que o desenlace chegara. No leito da morte, Jacob tem consciência disso e com alguma dificuldade dirige-se à esposa querida:

— Sarah, você está aqui? Diante da resposta positiva, ele indaga:

— E jacozinho? Sim ela responde: o teu filho amado está aqui ao teu lado. Ele insiste:

— Saul, meu único irmão?

— Estou aqui meu irmão, foi a resposta de Saul, com os olhos marejados de lágrimas.

— Martha, Ruth, as minhas irmãs, também estão? Diante de nova afirmativa, as suas últimas palavras foram:

— E a lojinia! Ganié está tomando conta da lojinia?

ATENDIMENTO MÉDICO

Antes de deixar o quarto, o seu médico lhe dissera:

— Sinto muito, mas o senhor Jacob, só tem uns três minutos de vida.

Ao que Jacob lhe indagou:

— Doutor, o que o senhor pode fazer por mim?

O médico respondeu: — No máximo, no máximo, um miojo.

Lembre-se: seu pai foi antes e seu filho irá depois e todos nos encontraremos em algum lugar. Pensar ao contrário, não leva a nada.

PARAÍSO CELESTE

Aliás, ficar imaginado como será esse sítio para onde todos vamos, pode ser um exercício especulativo muito interessante.

Os religiosos que acreditam em outra vida têm o conforto de saber que estão iniciando uma nova viagem e que no seu destino serão eternamente felizes. Para estes, quaisquer recomendações são desnecessárias.

Quem não crê na reencarnação ou no paraíso, orem para o seu Deus, para não ter de pensar nesse período preambular do final; se não conseguirem nem isso, construam sua própria idealização e não se sentirão tão sozinhos.

A Arthur da Távola, senador do Rio de Janeiro, dizia: quem tem vida interior nunca se sente sozinho.

Mas, como visto, existem os agnósticos (simplificando a descrição, eles acreditam no criador, mas não na religião) e os ateus (esses não sabem nada), e todos eles também merecem a nossa consideração.

Dogmaticamente, ainda que não se saiba qual é o porvir depois do final, é assente que efetivamente se trata de um percurso inédito a ser percorrido.

Uma transformação preparada ou não por alguém superior a nossa vontade, natureza ou Deus.

Todos nós, crentes ou não, marcharemos para algum lugar, cujas características ninguém detém, mas que nos nivelará. Não se deve pensar que os maus ali serão castigados ou que os bons então serão premiados. Julga-se que todos seremos igualados pela absolvição de nossa vida anterior, sem qualquer viés moral.

A GLÓRIA DO CONHECIMENTO

Possivelmente o âmago desse cenário será o principal bem que nos estará ali reservado: o conhecimento. Ufa! Todos saberão de tudo...

Já prometi a mim mesmo: quero saber como se opera a gravitação universal, como foi a primeira regência da Nona Sinfonia por Ludwig Van Beethoven e se existe ou não a Lei de Formação dos Números Primos.

Capítulo 40
CONCLUSÕES DERRADEIRAS

Bem, chegou a hora de nos despedir, o que não é fácil.

DIVERSIDADE DE SITUAÇÕES

Diante da multiplicidade de situações, as recomendações que valem para todos os aposentados limitam-se ao direito à ociosidade, à necessidade vital de exercitar-se e à busca do bem-estar pessoal.

NÃO PARE, OCUPE-SE

Quem tem no trabalho o seu mundo, não pare de se mexer, apenas diminua o ritmo e adapte o labor incessante às suas limitações físicas. Muitos aposentados decidem parar uns três meses sem fazer nada para depois iniciar uma nova vida e acabam se acostumando com a inatividade física total, o que é ruim.

CUIDE-SE

Se você está doente, cuide da sua saúde, vá aos médicos, procure o SUS, não desista nunca; a tecnologia moderna custa caro, mas ajuda bastante. Procure saber o que pode ajudá-lo, os recursos agora são maiores. Se for sadio, saiba que a higidez é o nosso maior bem.

Saúde é o que interessa, o resto não tem pressa.

VIDA NOVA

Se puder, mude de ares, tente fazer outra coisa noutro endereço. Achando que dará certo, vá para a praia ou o interior. Fique uns tempos nesses ambientes para saber se tudo correrá bem.

FAÇA O QUE SEMPRE QUIS

Se funcionar com você, faça o que sempre quis; é ótimo. Por favor, se já teve um filho, não se esqueça de plantar muitas árvores e escrever um livro. Não abandone os seus sonhos, se os realizou, crie novos.

ADOTE A OCIOSIDADE

Não tenha medo da ociosidade, ela é muito boa.

ATIVIDADES DE APOSENTADO

Tem muita coisa que o aposentado pode fazer.

E também o que não deve fazer: viver no passado, discordar sistematicamente dos jovens, lamuriar o tempo todo, falar sempre das suas doenças.

Se procurar, vai encontrar um mundão de atividades, entretenimentos e diversos eventos compatíveis.

Nunca é demasiadamente tarde para recomeçar alguma coisa.

SUN TZU

Vamos tentar adaptar a famosa frase do escritor chinês Sun Tzu, autor da obra clássica *A arte da guerra.*

Aquele que conhece o que significa a aposentação e a si mesmo, ainda que enfrente dificuldades, jamais sofrerá com isso.

Aquele que não conhece o seu significado, mas conhece a si mesmo, às vezes estará bem, às vezes nem tanto.

Aquele que não conhece o inimigo nem a si mesmo, está fadado ao fracasso, e correrá o perigo de apenas envelhecer sem aproveitar o que essa fase da vida possa ter de bom.

CARPE DIEM

Como diziam os latinos, aproveite o dia, a semana, o mês e os anos se passando. Liberte-se dos seus grilhões e diga a quem não disse ou não o disse o suficiente: eu te amo!

E se puder, ame mesmo.